はじめに

ブックトークは、子どもを本の世界に招き入れる手だてのひとつです。その有効性は日本でも早くから知られておりましたが、近年ようやく学校や公共図書館で盛んになってきました。東京子ども図書館でもブックトークの講座を行ったり、各地に伺って研修の講師をお引き受けすることも増えてまいりました。機関誌「こどもとしょかん」では、一九九七年 春 73号で松岡享子名誉理事長の「ブックトークの意義とその効果的方法」を、二〇一〇年 春 125号で「子どもと本をつなぐブックトーク」と題して受講生のシナリオを掲載しました。この二つの記事を希望する方が多く、これまで抜刷という形で提供してまいりました。また講座のなかから、ユニークで優れたブックトークが次々と生まれ、それらのシナリオを広く知らせたいという思いも募りました。

そこで、これまで「こどもとしょかん」に掲載した記事に、新たに書きおろした原稿を加え、ブックトークの基本からシナリオの作成、実演の工夫に至るまでを学べるブックレットを作成しました。ブックトークの実践に役立つのはもとより、ここに掲載されたシナリオやプログラム案が、そのまま読者に対するよきブックトークとなり、本との新たな出会いが生まれることも願っています。

なお、本書では品切れ・絶版の本も紹介していますが、図書館を利用するなどして入手していただければと思います。

二〇一六年 八月

もくじ

実践報告——プログラムと子どもの反応

書名索引　i

ブックトークの意義とその効果的方法

松岡享子（東京子ども図書館 名誉理事長）

●はじめに

学校図書館、公共図書館の別なく、子どもを相手にする図書館員の基本的な役割は、子どもと本を結びつけること、つまり、子どもに書物に対する興味をもたせ、読書の習慣を身につけるよう助けることにあるといわれています。そして、そのために図書館員が行うさまざまな仕事のうち、直接子どもに働きかけるという点で、「お話」と「ブックトーク」は、その代表的なものと考えられています。ですから、図書館員の専門性が問われるときも、児童図書館員の場合は、子どもや子どもの本に関する知識が専門的知識として、「お話」や「ブックトーク」の技能が専門的技能として、その専門性を支える重要な柱と見なされているのです。

さて、ここでは、そのうちのブックトークについて考えようとしているわけですが、私自身のことをお話しすることを許していただければ、私は、お話についても、ブックトークについても、それがどういうものであるかについての基本的な知識や考え方をアメリカの図書館学校で学びました。しかし、その実際にふれたのは、アメリカで児童図書館員として勤めたときです。その後、私は、日本の公共図書館で、つづいて家庭文庫でと、子どもを相手に図書館の仕事をつづけてきたわけですが、お話に関しては、実際に自分がずっとしてきたので、自分なりに経験も積み、発見したこともいくつかあります。

しかし、ブックトークについては、帰国後は、いわゆる個人的な、形式ばらないもの（これについては後に述べます）以外、ほとんどする機会がありませんでした。これは、私が家庭文庫のような規模の小さいところで仕事をしてきたからでしょう。ブックトークは、集団を相手に、しかもどちらかというと年齢が上の子どもを対象にして行うものですから、家庭文庫のように、ひとりひとりの子どもとの関係が親密で、しかも幼い子が多いところでは、さしてその必要を感じないからです。その意味で、ブックトークは、学校図書館でいちばんよく活用されるべき性質のものという気がしますが、それはさておき、そのような事情で、私自身のブックトークに関する経験は非常に乏しく、私自身の発見をお話しすることができません。したがって、これから述べることは、主として、私がアメリカで働いていたとき、実地研修で教わったこと、ベテランの図書館員がするブックトークを聞いて学んだことに基づいています。

●ブックトークとは

まずブックトーク（book talk）ということばですが、これは通常の英語の辞書には出ていません。図書館関係者の造語ではないかと思われますが、確かなことはわかりません。一九四三年、アメリカ図書館協会発行の『図書館用語辞典』にも、その記載がありませんでした。しかし、アメリカの図書館関係者の間では、普通名詞のように広く用いられていることばです。ブックトークは、簡単に定義すれば、ことば通り、本について話をすることであり、広義に解釈すれば、ある人が自分の読んだ本について友人に話したり、書店でお客の質問に答えて店員が本の内容を説明したりすることなども含めて、「本について話す」ことすべてをブックトークといってよいわけです。その意味では、私たちは、ごく自然に、しょっちゅうブックトークをしているといえましょう。

しかし、図書館で館員の業務のひとつとしてブックトークという場合、それは「通常あるひとつのテーマにそって、数冊の本を、順序よく、じょうずに紹介すること」を指しており、一定の聴衆を相手に、子どもなら約半時間、おとなならもっと長い時間にわたって行われるのがふつうです。

●フォーマルなブックトークと
インフォーマルなブックトーク

このように、前もって準備をし、きちんとした形で行うブックトークに対して、たとえば、子どもから「なにかおもしろい本がないかな」と相談されたとき、「これはどんなお話なの」と質問されたときなどに、図書館員が即座に一、二冊の本を紹介したり、ある本の内容をかいつまんで話してやったりすることを、私の働いていた図書館では「形式ばらない（informal）」ブックトークとか、その場その場のブックトークとか称して、「正式の（formal）」ブックトークとは区別していました。正式のブックトークは、一定の集団――学校のあるひとつのクラスとか、クラブのメンバーとかいった――という か、前もってわかっている聴衆を相手にしますが、形式ばらないブックトークは、ひとり、あるいは多くても数人の子どもを相手に、そのときそのときの状況に応じて行います。

●ブックトークの目的

さて、このどちらの種類のものであれ、ブックトークの目的は、一にも二にも、本に対する興味を起こさせることにあります。直接的には、もちろん、その場でとりあげられた個々の本に対する興味というわけですが、間接的には、それ以外の本、あるいは読書一般についての興味をかきたてることです。

たとえば、コンラート・ローレンツの『人イヌにあう』という本のブックトークをしたとしましょう。その場合、この本に出てくるおもしろいエピソードなどを引いて、聞いている人に「この本を読みたい」という気を起こさせたとしたら、このブックトークの所期の目的はまず達せられたといってよいでしょう。しかし、図書館員が、そのブックトークの中で、ローレンツ博士の人となりや考え方、動物学に対する研究態度といったものを浮き彫りにすることに成功したとすれば、聞き手は、単に『人イヌにあう』を読みたいと思うだけでなく、ローレンツ博士の他の著書や、動物行動学や動物心理学に関する他の書物も読んでみたいと思うようになるでしょう。さらにまた、こうしたブックトークを通して、図書館員が書物に対して抱いている生き生きとした強い関心、愛着の念を聞き手に印象づけることができるとすれば、たとえ動物そのものについてさほど興味をもっていない人でも、本と人との関わりについては、多くのものを得る結果になると思います。そして、実はとりあげる本についての直接の興味だけでなく、関連した本、さらには書物一般についての興味を喚起するという点に、ブックトークの、より大きな働きがあるように思えます。

学校図書館のように、定期的に、また長期にわたって同じ子どもと接触することが可能な場合でさえ、在学中にひとりの子にブックトークによって紹介してやれる本の数は限られています。それを考えると、紹介する個々の本の価値と並んで、ブックトークをする図書館員が与える人間的な影響というものを重視しなければならないことがわかるでしょう。

私は、「教育は基本的には一人の人が他の人にたいして与える影響だ……どんな場合にも、この影響は一人の人の心、ひとつのパーソナリティー、ひとつの人格が他の人に与えるものだ。いずれにせよ、そこからすべてのものが始るのである」（スミス著『教育入門』*岩波新書　一九五八年　27頁）というウォルフェンデンのことばを信じる者です。ですから、ブックトークも、人格を離れた、単なる職業上の技能と見るのでなく、ひとりの本を好きな人間が、別の人間にその気持ちを分かち合おうとする行為としてとらえたいと思います。

●テーマを決める

ところで、ブックトークの実際的な問題にはいりますが（以下で述べるブックトークは正式のブックトークをさします）、それは、まず中心になるテーマを決めることから始まります。たとえば、学科と関連して、国語の時間に、今子どもたちが学習している作品の著者の他の作品を紹介してくれ、と頼まれたり、月へ人類が最初に到着したことをテーマに、宇宙やロケットに関する科学的な読みものを紹介してくれなどという依頼を受けたときは、むろん、それがテーマになります。あるいは、歴史で、ある時代を勉強している子どもたちに、その学習を助ける意味で、その時代をテーマにブックトークをする場合もあるでしょう。

学習とはまったく関係なく、図書館員が自由にテーマを決めることもあるでしょう。その場合は、季節的なこと、時の話題、愛とか死とかいった大きな問題から、食べものとかペットとかいった身近なものに至るまで、実際、あらゆることがテーマになり得ます。「勇気ある女性」とか「ものいう動物たち」とかいうテーマは、だいたいとりあげられる本の予想がつくので、いまひとつ新鮮味がありませんが、たとえば「虹」というテーマで、虹の七色を題名の中にもっている話をとりあげるとか（『赤い靴』『みどりのゆび』といったふうに）、「ＪＡＬ×便」といったテーマで、その飛行機が停まる都市をそれぞれ舞台にした本を選んでみるとか、「頭のてっぺんから足の先まで」というテーマで、『ふしぎな500のぼうし』『百まいのきもの』『てぶくろ』『もぐらとずぼん』といったふうに、身につけるものが題になっている本を集めるとかすれば、とりあげる本が特別変わったものでなくても、テーマのおもしろさで印象に残るということも考えられます。図書館員としては、創意を働かせて、子どもたちの注意をひくたのしいテーマを設定したいものです。

●本を選ぶ

テーマの設定ができたら（あるいはそれと並行して）、とりあげる本を選ばなければなりません。通常一回のブックトークでとりあつかう本は五ないし十冊です。子どもを対象にしたブックトークは、半時間くらいが適当でしょうから、紹介できる本の冊数も、だいたいそこから割り出されてきます。一冊の本を五分で紹介するのは、かなりよく準備をして手際よくしないとできないことですから、さっとふれる程度ですませるもの、くわしく説明するものなどをとりまぜて、五、六冊というのが適当なところではないでしょうか。

本を選ぶにあたって留意すべき点は、第一に自分の好きな本を選ぶ（少なくとも一冊か二冊は）ということです。これは、そうすれば、先に述べた、ブックトークをする人の本に対する熱意や愛情がおのずからにじみ出るからです。第二に、何らかの理由で、よい本でありながら子どもたちの手にとられない本を積極的にとりあげるということ。とりたててこちらがすすめてやらなくても、子どもがきまって手を出すような本は、ブックトークの必要はないのです。少し活字が小さいとか、装丁が地味だとか、題名がわかりにくいとか、途中からはおもしろくなるのだが、冒頭に退屈な風景描写がつづくとかするために、子どもが敬遠するような本こそ、すすめがいがあるというものです。こちらが少し押してやると子どもが喜んで読むようになった本は、私の場合でいうと、岩波少年文庫の『ふくろ小路一番地』や『白いタカ』などです。

第三に、これはテーマの設定の場合と同じことですが、できるだけ想像力を働かせて、バラエティに富んだとり合わせにすることです。いわゆる小説だけでなく、神話、伝説、詩、伝記、ノンフィクション、写真集など、同じテーマを扱ったものでも、違う種類の本を集めること、また内容の程度も、むずかしいものからやさしいものまでいろいろなレベルのものがあるように、文のスタイルや、作者のそのテーマのとりあげ方などにも変化があるように考える必要があります。

このようにバラエティに富む組み合わせができるためにも、また先に述べた興味をひくテーマの設定ができるためにも、図書館員は、ふだん本を読むときから、一冊の本が提供するさまざまなトピックを心にとめ、その本が他のどういう本へとつながっていくかといったことを常に考えるくせをつけていきたいものです。

たとえば『だれも知らない小さな国』という本なら、「小人」というのが、まず頭に浮かぶテーマでしょうが、そのほかにも「秘密の場所」「コロボックル——アイヌ」「自然保護、開発」等々いくつもの面からとらえることができるでしょう。それぞれのテーマにそって関連した本を思い浮かべることができるでしょう。小人なら『床下の小人たち』や『木かげの家の小人たち』、秘密なら『秘密の花園』アイヌなら『アイヌ童話集』あるいは『コタンの口笛』というように。一冊から出ているカギを別の本にどうひっかけてつないでいくかを考えておくことは、ブックトークのためだけでなく、日常の業務の上でも役に立つことだろうと思われます。

●構成とテクニック

さて、テーマとそれについての数冊の本を選んだら、その構成——どういう順序で紹介するか——や、それぞれの本についてどういう紹介方法をとるのがいちばん効果的かを考えて準備を始めます。このとき、最初と最後には、その数冊の中で強い本（もっとも子どもにアピールする本、図書館員のほうで強力にすすめたい本、本として重みのある本）をもってくるようにします。また一冊ごとに説明がプツンプツン切れるのでなく、全体がまとまって流れるように、本と本の橋渡しになるカギを見つけておきます。

それぞれの本に費やす時間や、用いるテクニックは、本の重みによって、また性質によって違ってきてよいわけですから、よく考えて、全体として変化があるようにアレンジしてください。

本を紹介するとき用いられるテクニックとしては、短編集の場合、その一編を、あるいはそうでなくても長編の中の独立した一部を、「お話」として語って聞かせること、あるいは、朗読すること、あるいは、小説の場合、あらすじを語って聞かせること、ノンフィクションの場合、おもしろいさし絵や図を見せること等々が考えられます。同じあらすじを述べるにしても、それ自体ひとつのお話のように、劇的に語ることもできれば、ごくふつうに説明することもできます。お話の得意な人は、お話をふんだんにとりいれてよいでしょうし、それよりも説明したり論じたりするほうが性に合っているという人は、そうすればいいのです。テーマを決めたり、本を読んだりするのと同様、どういう方法で本を紹介するかは、ブックトークをする人に任されていることですから、独創的な考えを出して、自分に合った、そして、その本を効果的に印象づけるやり方を見つけていただきたいと思います。

●ブックトークとお話や書評との関係

以上述べたことでおわかりのように、お話や朗読は、ブックトークのひとつの方法として用いることができるものです。ある本については、その方法が最上でしょうし、別の本、たとえばノンフィクションには、別の方法が考えられなければならないでしょう。人にある食べものをすすめる――それを食べたいという気を起こさせる――場合にも、いろいろな方法があるでしょう。自分が食べたときどんなにおいしかったかを話すこと、それがとれる場所や、その料理方法についてくわしく話すこと、写真や見本を見せること、ずばり一口試食させること等々。

ブックトークで用いられる「お話」は、いってみればこの試食に相当します。解説したり批評したりすること抜きに、いきなり内容そのものを提供するからです。これは、試食がそうであるように、もっとも直接的な方法です。これでは、聞き手は、話し手を通してとはいえ、まっすぐ作品や作者と向き合います。しかし、料理方法を聞いたり、料理人の話を聞いたりするのは、ブックトークでいえば、解説、論評に相当し、この場合は、ブックトークをする人の考え方、感じ方なりが、聞き手にとって、かなり重要になってきます。しかし、これが行き過ぎて、その人が紹介してくれた本には一向興味が湧かなかったが、その人の話（ブックトーク）そのものは、なかなかおもしろかったと聞き手が思うようでは、ブックトークとしての目的が果たせたとはいえません。また、あまり批判的な紹介の仕方をして、その本が欠点だらけのつまらない本だと聞き手が思ったとしたら、これまたブックトークの意味がありません。「ブックトークは、お話と書評の中間に位置するものだ」というセイヤーズ女史（今、出典を明確にすることができませんが）のことばは、こうしたことを指しているのでしょう。これはまた、ブックトークをする人間が、作者と読者の間に程よい距離を保った位置にいなければならないことをも示していると思います。

●実際上の諸注意

以上で、ブックトークの概略はおわかりいただけたと思いますが、最後に、私が、先輩のベテラン図書館員から教わった、実際的な注意をいくつか述べておきましょう。

・ブックトークの最初、まだ本の紹介にはいる前に、何か子どもと打ちとけるような、日本でいう話の枕のような会話をかわすとよい。このとき、自分自身の経験を話すことは、子どもの注意を強くひきつける。

・「えー、つぎにこの本は……」式にしない。たとえば「さて、今お話ししたこの本では、主人公は、自分からすすんで、苦難の道にはいっていきました。でも、本人は、むしろ臆病で、冒険などとんでもないという人だったのに、ひょんなことから、世界的な大冒険に乗り出してしまった人がいます。それがこの〇〇で……」といったふうに、一冊から次の一冊へのつなぎをスムーズにすること。

・内容を話すのに熱中して、題をいうのを忘れることがあるから注意すること。題をはっきりいい、わかりにくい題だったら、その意味を説明すること。小さい子には、著者名を知らせることは必ずしも必要ではないが、あとで子どもたちが、その本を図書館で見つけることができるように、その手だてを講じておくこと。

・ある本の話をしているときは、その本を手にもっているとよい。ただし、終わったら下におく。ある本を手にしたまま、別の本の話をすると、聞いている子どもは混乱する。

・朗読するところ、引用する個所、見せるさし絵のあるページには、必ず前もってしるしをはさんでおく。「その情景を、作者はこのように描いています」といってから、ページをくって問題の場所をさがしたり、見つからなくて時間を費やしたりしては、せっかくのブックトークがだれてしまう。

・紹介するエピソードや、引用する個所を選ぶとき、子どもの見方を心にとめておくこと。おとなの自分がいいなと思った部分は、必ずしも子どもの興味をひくとは限らない。

・本は正直に紹介すること。内容はりっぱでも読みにくいといった本であれば、はっきりそういうほうがよい。ブックトークを聞いていると、おもしろくて、さっと読めそうな印象を受けたのに、実際読んでみると、とてもむずかしい本だったということがあると、子どもたちの図書館員に対する信頼が失われてしまう。はじめはとっつきにくい本とか、途中で筋に関係のない作者の思い入れが頻繁に出てくるといったことは、そのまま知らせておくのがよい。子どもは、かえってそれをありがたく思うはず。

・できるだけ自分を出して、個性を生かして話すこと。

●おわりに

この文の最初に述べたように、児童図書館員の役割は、子どもと本を結びつけることにあります。かといって本でさえあればどんな本でもよいということにはならないでしょう。ただの時間つぶしにしか過ぎないような、子どもの心の世界を広げるのに役立たないようなら、本を読んでいるというだけで喜んでいるわけにはいきません。ことに、今、子どもたちの生活はいそがしく、読書に費やす時間は貴重です。それでなくても、子どもは日々成長し、子どもとして読むべき本を読む時間は短いのです。そのことを考えると、その貴重な時間に、できるだけたのしい、そして永続的な価値のある本を読んでもらいたいと思うのは当然でしょう。

そういう子どもたちに、かれらが知らない本、私たち自身が愛着をもち、その価値を信じている本を知らせるまたとないよい機会が、ブックトークだといえましょう。ここには、児童図書館員としての役割を果たす上で、大きな可能性のある活動の場が開けていると思います。

＊ウォルフェンデン　Sir John Wolfenden（一九〇六―一九八五）　イギリスの教育学者

初出　「学校図書館」　一九七四年九月号　全国学校図書館協議会
再録　「こどもとしょかん」七三号　一九九七年春　東京子ども図書館

ブックトークの歴史と実践のためのアドバイス

張替惠子（東京子ども図書館 理事長）

◆児童図書館サービスの発展とブックトーク

児童図書館の歴史で先駆的な役割を果たしたアメリカでは、十九世紀末から二十世紀初頭の数十年間に児童サービスの目覚ましい発展が見られました。その発展の生みの親といわれるキャロライン・ヒューインズ（一八四六～一九二六）は、ブックトークということばは使っていないものの、学校に出かけて本の話をした（talked about books）といっています。テーマを定めて数冊を連ねるというような形ではなかったかもしれませんが、当時の子どもたちに読んでもらいたいと思った本について熱心に語ったに違いありません。このように、ブックトークは、児童図書館の創成期からその萌芽が見られ、組織的なサービスが広がるにつれて、形式が整えられていったのでしょう。

ブックトーク（book talk / booktalk）という用語がはじめて文献に登場したのは、一九三〇年にアメリカの児童図書館員エフィー・パワーが著した児童サービスの入門書 *Library service for children* の中だとされています。その第十章 読書指導（reading guidance）で、子どもたちを本の世界に誘う手立てとして、お話や読書クラブ、図書館の利用指導、展示、児童室便りなどと並んで、ブックトークを取り上げています。児童図書館員が児童文学の基準を示すために、いつでもブックトークをできるようにしておくことが重要であると述べた後に、子ども向きの詩をテーマにしたブックトークの実例を、「あまり本を読まない、忙しい親向け」、「児童文学に興味のある女子大学生向け」、「子ども向け」の三種類紹介しています。

松岡享子名誉理事長が一九六〇年代初めに新人職員として働いたイーノック・プラット図書館（メリーランド州ボルティモア市）は行き届いたスタッフ・マニュアルがあることで知られています。一九五五年版スタッフ・マニュアルのブックトークの項には、実例としてたくさんのプログラムがあげられています。

たとえば、Adventures with pets（冒険はペットとともに）では、『ポッパーさんとペンギン・ファミリー』や『ヘンリーくんとアバラー』、Fun with detectives（探偵はたのし）では、『ゆかいなホーマーくん』や『名探偵カッレくん』、『名探偵しまうまゲピー』、ほかにもFamilies fun to live next door to（ゆかいなお隣さん）、A summer to remember（思い出の夏）などなど、眺めるだけでアイディアがふくらみます。先輩から後輩へ、「ほら、こんな風に本をつなげたら楽しいでしょう、あなたもやってごらんなさい」と誘いかける声が聞こえてくるようなリストです。この例からも、一九五〇年代には、かなり組織だった形でブックトークが実践されていたことがうかがわれます。

私は、一九七六年から七七年にかけての約一年間、ウェスタン・ミシガン大学で図書館学や児童文学を学びました。そのとき履修した「児童青少年への読書指導」という科目では、子どもの本を短い文章で紹介する解題執筆と、ブックトークのシナリオを書いて教室で発表するという課題がありました。これが私のブックトーク事始めでした。

実は、留学生活がはじまって間もなく、アメリカ人が国外についての知識も興味も乏しいことが心にひっかかるようになりました。そして、その思いをブックトークで伝えてみようと思い立ち、異文化衝突をテーマにした本を取り上げることにしました。世界に目を向けると、自分のことがもっと見えてきますよ、というメッセージをこめて、Open your eyes to the world so that you can see yourself better と題し、高学年向きのブックトークを作りました。まだコンピュータが普及していない時代でしたが、大学図書館にはカード式の件名目録が整備されていたので、そのテーマの児童書がすぐに見つかりました。そこから本を絞り込み、『コンチキ号漂流記』を中心にしたブックトーク案を練り上げて、発表にこぎ着けることができたのは、今も懐かしい思い出です。

司書課程ではお話（storytelling）は別に一科目が設けられており、児童図書館員をめざす人にとって、お話とブックトークは、資格取得のための必修と位置付けられていたのです。

◆日野市立図書館での実践

日本にブックトークのことが初めて報告されたのは、渡辺茂男さんによる「ブックトークとその実際」（「学校図書館」一九五九年十一月）とされています。その後、前章で再録した松岡さんの「ブックトークの意義とその効果的方法」（「学校図書館」一九七四年九月）などいくつかの文献はあるものの、ブックトークが広く普及したわけではなく、私が東京都日野市立図書館で働きはじめた一九八〇年ころでも、身近で実践例を聞くことはほとんどありませんでした。

当時の図書館では、子どもの利用が多く、日野市では貸出し冊数の半分は児童書でした。夏休みには書架が何段も空になり、九月にどっと本が戻ってくる様子は、まるで書架が深呼吸をしているかのようでした。

ところが八〇年代半ばから、子どもの利用が下がりはじめました。そこで、児童サービス担当職員で手分けして学校に出向き、本の話や図書館案内をすることになりました。まだ「学校訪問」ということばが定着していないころの手探りの試みでした。市内二十校ほどの小学一年生全クラスを訪問する際には、担当職員で共作したカルタ形式のブックリストを配布しました。子ども向きには、「めかしやババール　みどりのせびろ」とか「りすのゲルランゲ　そうじがきらいで　いえでした」などの字札と絵札を散りばめたB3版二枚組。先生には、解題を添えた冊子版をお渡ししました。

そのリストで「エルマーくん　りゅうをたすけに　どうぶつじまへ」と紹介されている『エルマーのぼうけん』を教室で楽しむために、エルマーが持っていくみかんやリボン、長靴、ピーナッツバターとゼリーのサンドイッチなどをリュックにつめて行き、クイズ仕立てのブックトークをしたときには、クラス中が興奮の渦。ほとんどの子どもたちが、エルマーがぴょんぴょこ岩を渡るときに何をはいたか、サイが汚れた角を磨けるように何をあげたか、よく知っていました。その日の午後には、子どもたちが連れ立って図書館に来てくれて、ブックトークの手ごたえを感じました。

ところが、九〇年代になると、同じクイズに答えられるのはクラスの数人だけになってしまいました。電子ゲームが普及し、家庭内での遊びが変わったことや、幼児教育の現場で「エルマー」を楽しむ機会が減った影響なのでしょうか……、ブックトークのやりとりからも、子どもたちが置かれている状況の変化が伝わってきました。

そのころ、市内の学校図書館に職員の配置がはじまり、司書の方のお声掛けがあって中学校への訪問もおこないました。一番思い出深いのは、「竜」のブックトークです。小学生にも紹介している『ホビットの冒険』や『大きなたまご』に加え、さらにパンチをきかせるために、まだ映画化されていなかったマイケル・クライトンの『ジュラシック・パーク』も紹介しました。生意気なはずの中学生も興味津々で聞いてくれて、その後、市内の『ジュラシック・パーク』上下・七セットが、その中学校に団体貸出しされたと聞きました。

一九九三年に東京子ども図書館に移ってからも、児童室や文庫、近隣の学校などで、折にふれてブックトークをしてきました。また、一九九七年の学校図書館法の改正により、図書館が活性化するにつれて学校現場でのブックトークの実践が増え、それが子どもへの読み聞かせや語りをされているボランティアの方々にも波及したことで、ブックトークについて学びたいというご要望が当館にも寄せられるようになりました。そこで、子どもの図書館講座や研修プログラムでブックトークを取り上げるようになりました。また、全国の図書館や読書支援グループからのご依頼で出張講師も度々お引き受けするようになりました。読み聞かせやお話にくらべると、ゆるやかなスタートですが、ブックトークの輪は確実に広がっています。以下に述べることは、このような私自身の体験や講座などから得た、ブックトーク実践のためのアドバイスです。

◆実践のためのアドバイス

・ブックトーク講座のカリキュラム

当館のブックトーク講座は、三回から五回連続で、二十数名の受講生を迎えておこなうことが一般的です。初回に講師がブックトークの概要を説明したあとで、実際のプログラムをいくつか披露します。

受講生に取り組んでもらう課題は、十五分から二十分くらいで三〜五冊の本を紹介するブックトーク案を作り、みんなの前で発表をするというもの。本来的には、三十分程度の時間があると、バラエティに富んだ本を取り上げられますし、なめらかな流れでつなげやすいのですが、時間の制約から、それより短めのものをお願いしていきます。発表に先立ち、ブックトークで話すことをそのまま原稿にしたシナリオを書いて、提出してもらいます。

数ヵ月の準備期間を経ての発表。それぞれが力を注いで作り上げたブックトークを聞き合うひとときは、講座のハイライトです。ひとが本について話すのを聞くのは、ほんとうに楽しく、心満たされるものだなあと、毎回実感させられます。発表ののち、受講生の感想などを交えながら講評をします。

以上のような流れでおこなう発表とその後の話し合いから出てきた、いくつかのポイントをあげてみましょう。

・テーマ選びと本選び、どちらが先？

ブックトークの講座でよく尋ねられる質問に「テーマが先でしょうか、本が先でしょうか？」というものがあります。もちろん答えは「どちらでもよい」です。これぞという一冊を紹介したいという思いから出発し、その本から導き出されるテーマを考えるやり方でも、ふとひらめいたテーマに関連する本を探して、組み合わせていくやり方でも、興味をひくブックトークを作ることはできます。

テーマを考えるときには、当館発行のブックリスト『子どもの本のリスト』や『絵本の庭へ』、『物語の森へ』、『知識の海へ』（二〇二二年春刊行予定）の件名索引をぜひ活用していただけたらと思います。件名索引とは、その本が扱っている主な題材、出来事、登場人物、場所、時代、事物などを、見出しとなることば、すなわち件名（subject）で表現し、体系的に整理したものです。当館の件名索引では、件名が五十音順に並んでいるのではなく、概念の近い、関連性のある件名を、階層化して、大項目、中項目のもとに整理して配列しています。たとえば、大項目「場所」――中項目「地形・地勢」のもとには、「川」、「島」、「洞窟」などが並んでいます。ですから、ただ本を探すだけではなく、それを一覧することで、いろいろな概念が結びつき、子どもの興味をひきつけるテーマ選びのヒントになるでしょう。

学校からの依頼では、学習関連のテーマを指定されることが多いかもしれませんが、「自然を守りましょう」とか「友情を大切に」というようなメッセージを前面に押し出すだけではなく、紹介するひとの本に対する愛着が感じられるようなブックトークになるように、知恵を絞り、エネルギーを注ぎ込んでほしいと思います。また、ブックトークのテーマを子どもに伝えるときには、次章の実例のように、「へえ、おもしろそう」と食いついてくるようなキャッチフレーズを工夫していただきたいと思います。

　私が後輩にするアドバイスは、「ブックトークがうまくなりたいなら、書架整理をまじめにやりなさい」。丁寧に棚をなでていくと、「この本はしばらく手に取られていないので、ひと押しする必要がありそうだ」とか、「オリンピックが近いので、スポーツの本を集めてみよう」などと、自然にアイディアが浮かびます。もちろん、ブックトークの種は図書館の中だけで見つかるわけではありません。道を歩いているときも、映画を観ているときも、湯船につかっているとき（！）も、いつでもどこでもひらめきはやってきます。それを逃さず活かせるように、ブックトークのアンテナを研ぎ澄ませておきたいものです。

　テーマに関連した本を探すのは、今や、さほど難しいものではありません。件名索引の利用だけではなく、パソコンにキーワードを打ち込めば、山ほど本を引き上げることができるでしょう。その山から取り上げる本を取捨選択していくことにはエネルギーが必要です。ジャンルや形態、難易度、作品の持ち味などを考え合わせて、こちらをいれれば、こちらはあきらめるといった作業は、苦しくも楽しい作業といえます。その際にぜひ心がけていただきたいのが、普段あまり動かないけれど、読めばおもしろい、蔵書の核となるような基本図書を何冊か選ぶようにすること。そのためにも、それぞれの本が蔵書全体を同心円（下図）でイメージした場合、どこに位置するのか、常日頃から意識しておくことが大切でしょう。

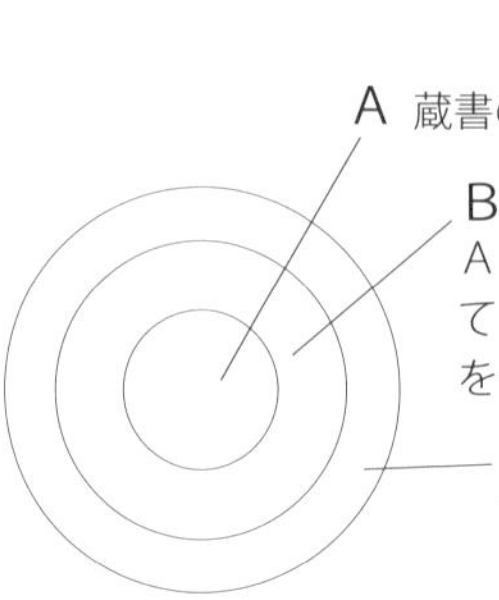

・シナリオを書いてみる

　初心者の方には、ブックトークの大体の構成が決まったら、話すことばをそのまま文章にしたシナリオを書いてみることをお勧めしています。経験を積んだ方なら、流れに沿って即興的に紹介することもできるでしょうが、うろ覚えのお話のようにことばが落ち着かないと、ブックトークをするひとの不安が伝わり、ことばに説得力がなくなりますし、聞き手もくつろぐことができません。一度書いておくと記録になりますし、実際にやってみるたびに手直しをして、どんどん磨きをかけることもできます。

しかし、いったん聞き手の前に立ったら、原稿に縛られる必要はありません。自分を信じて、自分のことばで話せばよいのです。相手の反応によって話すことばが変わるのは自然なことですから、シナリオから離れたことで自分をせめる必要はありません。生身の人間が目の前にいるひとに話す、声で伝えられる心地よさこそブックトークの真髄ですから。

・あらすじはどこまで?

それぞれの本を紹介するとき、どこにポイントをおいて魅力を伝えるかは、紹介するひととそれぞれの好みや判断で無限の可能性があります。「あらすじはどこまでいえばいいでしょう」という質問も度々受けますが、それも各自の裁量次第だと思います。ただ、まんべんなくあらすじをまとめても、その作品の魅力が伝わるわけではありませんし、こまごました注釈を加えすぎると、かえって聞き手の負担になることも気をつけなければなりません。テーマとからむような印象的なシーンや会話などにスポットライトを当てると、具体的なイメージが浮かび上がり、興味をさそうことができるでしょう。

Booktalk! という入門書を著しているジョニ・ボダートさんは、ブックトークは「解決せざる殺人事件」、犯人がだれとはいわずに、読者自身が犯人を捜したくなるようにするのが原則だといっています。犯人捜しをしたくなるような紹介をするには、その本と向き合い、本の持ち味、柄といったものをつかむことが助けになります。時間をかけてブックトークの準備をすることをとおして、本への理解を深めることができるのです。

もちろん、よくよく知っている作品でも、念のために、主要な主人公名や舞台など、表記を含めて確認することは必要です。そうすれば、『名探偵カッレくん』の怪しい人物(カッレくんの友達エーヴァ・ロッタのママのいとこ)を「カッレくんのおじさん」と紹介する間違いは防ぐことができたでしょう。また、自分にとってはあまりに当たり前なので、言及しそこねるということも案外あるものです。たとえば、おばかさんのペチューニアがガチョウだということを最後までいわない例もありました。その本をまったく知らない聞き手の立場になって、大切なことをもらさないように留意しましょう。

・本と本のつなぎが命

実際の本の紹介にはいる前に、冒頭の導入で、ブックトークのテーマを紹介します。クイズや自身の体験談などをしながら、聞き手とのくつろいだ関係を築き、積極的に聞こうという姿勢をひき出すことが大切です。

一冊目から二冊目、三冊目へと移っていくときには、「次は、この本……」ではなく、聞き手が常にテーマを意識できるように、テーマにからめるように次の本へつないでいくと、聞きやすい流れができます。逆に、テーマから大きくそれたことで橋渡しをすると、聞いている方はどこへ連れて行かれるのか戸惑います。ブックトークを首飾りにたとえると、テーマは首飾りのビーズを貫く糸。その糸がしっかりとおっていると感じられるブックトークを心がけてください。おしまいのことばでも、「今日は○○のテーマで本を紹介しました」としめくくると、きちっとまとまったトークを印象づけることができるでしょう。

・いよいよ本番

お話や読み聞かせと同様、ブックトークも声が主体です。おなかからしっかり声を出しましょう。特に、本からの文章を朗読する場合は、より一層ゆっくりと丁寧に読んでください。聞き手の反応を見ながらやりとりをすることで、生き生きとした紹介になるのですから、本やシナリオの内容ばかりに集中しないで、聞き手の様子を見る余裕をもちましょう。

ボダートさんは「ひとの数だけブックトークのやり方はある」といっています。それぞれの得意なことを生かし、楽器を弾いたり、実験をしたり、さまざまな工夫ができるでしょうが、あくまで主役は本で、本がかすむようなことがあってはいけません。時おり、大勢の聞き手に向けておこなうことを意識してか、まるで舞台のように、やや大げさな態度や声の出し方をするひとがあります。そうすると、紹介する本よりも、そのひとばかりが目立ってしまいます。ブックトークは、パフォーマンスではありません。本が好きなひとりのひとが、その場にいるひとりひとりの聞き手に伝えるという、素朴な心持で、肩の力を抜いて語りかけましょう。

本の中の挿し絵や図版などを見せるときには、あまり目立ちすぎないように付箋を貼って、すぐページが開けるようにしておきます。挿し絵が小さくて拡大して使いたい場合には、出版社に問い合わせましょう。著作権に配慮するきっかけになりますし、出版社の方に、本の評価を伝える機会にもなるので、手間を惜しまず連絡を取ってみてください。

紹介した本を子どもたちが手に取って、読めるように、本のリストを記したチラシを作成します。ただ、ブックトークの前にチラシを配布すると、子どもたちが落ち着かなくなるので、配布は終了後、先生にお願いする方が賢明です。また、事前にブックトークに使う本を担任や学校司書に伝えて、終わったあとに教室や図書室でしばらく展示してもらえるようにしましょう。学校で所蔵していない本は、公共図書館から借り出してくださる先生もいます。もちろん、学校訪問をきっかけに最寄りの図書館に足を運んでくれる子もいますから、こちらでもブックトークで取り上げた本がすぐわかるように別置するなどの工夫をするとよいでしょう。

◆図書館員の究極のわざ《アート》

ブックトークは、お話会や学校訪問などとともに行事の枠内で計画することが多いため、日常的な児童サービスと切り離して捉えられがちかもしれません。しかし、ブックトークは、児童室の蔵書を選び、書架に置いて展示をしたり、読んであげたりして、子どもに手渡すという一連の仕事の一部であり、児童サービス全体と有機的に結びついていることを念頭に置いていただきたいと思います。

図書館員は、本について知る機会に恵まれているだけでなく、本をたのしむ子どもたちもたくさん見ています。子どもと本をむすぶ手立てであるお話や読み聞かせも織り込みながらおこなうブックトークは、まさに図書館員の究極のわざ《アート》。本について話すことは、図書館員にとって、息をするように自然なことです。図書館員（子どもと本を結ぶ活動をしているボランティアの方たちも含みます）だからこそできる、という誇りをもって取り組んでいただけたらと思います。

とはいえ、しっかりとしたブックトークを作り上げるには、テーマを定め、それに関連した本に目をとおし、絞り込んで、流れを組み立てるという一連の作業に集中するためのエネルギーと時間が必要です。お話にくらべてブックトークの敷居が高いと思われるのは、このような作業量のせいもあるでしょう。

お話や読み聞かせを長年つづけて実力を蓄えた方でも、ブックトークに二の足を踏まれることは多く、そういう方には、ミニ・ブックトークからはじめてくださいとお勧めしています。お話や読み聞かせのレパートリーに関連した本を一、二冊組み合わせることなら、無理なくできるのではないでしょうか。次章にも例をあげましたのでご参照ください。ミニ・ブックトークは、ふだん対象にはならない低年齢の子にも飽きずに聞いてもらえます。まずは気軽に、はじめの一歩を踏み出していただけたらと思います。

冒頭でふれた私の竜にまつわるブックトーク（現在のタイトルは「竜・古今東西」）は、三十年前にやったものと現在とでは、ずいぶん変わっています。昔話や伝説に登場する竜と、大昔に実在した恐竜を結びつけるという流れは一緒なのですが、変わらないのは『大きなたまご』と『せいめいのれきし』だけ。それ以外はほとんど本を入れ替えていますし、順番も違います。このように、新刊が出れば構成を組み直しますし、聞き手の年齢によってアレンジを加える場合もあります。これから挑戦する方々は、はじめてのブックトークを核にして、今後長い時間をかけて練り上げていってください。ブックトークも、時を経るうちに進化していくのが自然で、それこそブックトークの醍醐味なのです。

シナリオ

くうねるところにすむところ

小学三・四年生 対象　15分
小西奈津美（奈良市立北部図書館）

今日は、みなさんにブックトークをします。タイトルは、「くうねるところにすむところ」。みなさんが、食ったり、寝たり、住んだりするところ、つまり家に関係する本を四冊紹介します。

私は、二階建ての一軒家に住んでいますが、みなさんは、どんな「くうねるところにすむところ」に住んでいますか？　マンション？　それとも、サザエさんの家みたいな平屋でしょうか？（少し間）では、こんな家に住んでいる人はいますか？　**『「イグルー」をつくる』**。あれ、いませんか？　めずらしいですねぇ……。

これは、イグルーといって、カナダの北の方に住んでいる、先住民族、イヌイットの伝統的な家です。イヌイットの住んでいる地方は、とても寒いので、家の材料になる木が育ちません。だから、イグルーはなんと、全部雪だけで造ってしまいます。この本には、その造り方が書いてあります。

（各頁を見せながら）まず、硬すぎもせず、やわらかすぎもしない、いい雪を見つけることが大切です。それから、積もっている雪をこうやって四角く切り出して、それを積んでいきます。

雪を積むときにも大事なポイントがあります。隣のブロックより高く、さらに高く……と積んでいきます。そして、段差ができないように、上側をなめらかにけずっていくと、こんなふうにうずまき状になります。そのままどんどん積んでいって、天井に丸く雪の板をかぶせます。ここも難しいところです。あ、イグルーに閉じ込められた！　と思ったら、入り口の穴を開けて、脱出。イヌイットのおっちゃん、ほっと一安心です。

ウーリ・ステルツァー 写真・文
千葉茂樹 訳　あすなろ書房

それから、ブロックとブロックの隙間を雪で埋めて、煙突の穴と、窓用の穴を開けます。窓ガラスの代わりに、海の氷をはめ込みます。氷のガラスで、イグルーの中が明るくなります。これで完成。

　イグルーの中から、外を眺めた写真です。外はマイナス三十度でも、イグルーの中は、風も寒さもはいってこなくて、とても暖かく快適だそうです。イヌイットの子どもたちも、みんなのように、お母さんやほかのおとなたちからお話を聞かせてもらって、長い冬の夜の時間を過ごします。

　さて、今度は、人間以外の生き物の家の建て方も紹介します。**『網をはるクモ観察事典』**。クモです。みんなは、クモ、嫌いですか？ でも、この本を読むと、ちょっとだけ、クモのことが好きになるかもしれないよ。

　クモの家の建て方、つまり、クモの網の張り方は、まず、クモのお尻から出た糸をふわふわーっと風に流して、離れた枝に絡ませます。（4～5頁）

小田英智 構成・文
難波由城雄 写真
偕成社

　この繋がった一本の糸を基に、縦糸を張り、それから枠糸を張ります。さらに足場糸を張って、この足場糸に脚をかけて、ねばねばする粘着力のある横糸を張って完成です。この作業を、クモは誰に教えられるでもなく、本能ですることができるそうです。

　みなさんは、雨の日や風が強い日のクモの巣を見たことがありますか？（見た子がいれば、クモの巣がこわれていたかどうかきく）私が見たとき、風に吹かれることは吹かれますが、ふわふわと風の衝撃を逃がしているようでした。そしてなかなか破れにくくなっていました。それには、この、横糸の粘着力が役立っているそうです。もしクモの巣を見つけたら、横糸をさわってみてください。指にくっつくと思います。

　写真のクモは、ジョロウグモというクモですが、ひとつの網を完成させるのに、二日分のエネルギーを使うそうです。そうやって苦労して張った網ですが、家の役割だけではないですね、みなさん知っているとおり、獲物を捕まえることもできますね。（10～11頁）網にかかった獲物がもがくと、その振動がクモに伝わります。クモが獲物に近づき、きばを突き刺して、獲物の動きをマヒさせます。それから、クモは糸を出して、獲物をぐるぐるまきにして巣につるしておきます。ちょっと性格が悪い気もしますが、後でゆっくり獲物を食べるそうです。

この本には、逆に今度はクモが襲われるときのことや、たくさんの小さな小さな子グモが生まれるときのことなども書かれているので、読んでみてください。

クモの網は、家にもなるし、同時に食べ物を得る場所でもあって、とても高性能な家でした。ほかにも、便利な家があります。『**ものぐさトミー**』。この絵（表紙）からもわかると思いますが、この、とってもものぐさなトミー・ナマケンボという男の子の家がとても便利な家なんです。ものぐさって分かる？　何をするにも面倒くさがる人のことです。（部屋を見渡し）この中で、トミー・ナマケンボに一番似ているのはだれでしょうか？

トミーの家は、電気仕掛けです。朝、お日さまがのぼって、窓敷居が温まると、（各頁を見せながら）こんなふうに、トミーの寝ているベッドが自動的に動き出し、傾いてトミーをすべり落としながら、服を脱がせ、お風呂に入れます。お風呂は、電気水か

ペーン・デュボア 文・絵
松岡享子 訳　岩波書店

きまわし機がついているので水をはねかしながら、トミーの体は自動で洗われます。終われば、自動的に乾燥室に送られます。乾燥が終わると電気歯ブラシで歯を磨き、電気ぐしと電気ブラシで髪の毛を整えます。それから自動着がえ装置でまずパンツ、次にズボンを、そして靴下、靴の中へうまくストンとはまり込みます。食堂へ移動している間に、上着も着せてもらいます。

トミーは朝ごはんも全自動です。トミーの朝ごはん、もう全部一緒くたになっていて、とってもおいしそうですね。みんなもどうですか？

こんな、とっても便利な家なんですが、ひとつ弱点が。――それは、電気が止まってしまうことです。そしてある日、停電になってしまいます。電気仕掛けのトミーの家は……そしてトミーは……。続きは、この本を読んでください。

さて、みなさんは、家の中で一番好きな場所はどこですか？　お風呂場？　トイレ？　リビング？　いろいろありますが、自分の部屋が好きという人もいてるんじゃないかと思います。

『**やかまし村の子どもたち**』。やかまし村は、スウェーデンにある小さな村です。この村には（10～11頁）南屋

敷と中屋敷と北屋敷の三軒しかありません。子どもは全部で六人。南屋敷にはこのオッレが、中屋敷にはリーサと、ラッセとボッセが、北屋敷にはアンナとブリッタが住んでいます。そして、このリーサは、二人のお兄ちゃんと、お父さん、お母さんの五人家族です。

リーサは、ラッセやボッセたちとひとつの部屋を使っています。夜にむりやり怪談話を聞かされたり、大事なお人形の顔に、ヒゲをいたずら書きされたりして、大変迷惑をこうむっていました。

そんなある日、リーサは、七歳の誕生日を迎えます。リーサは目隠しをされ、グルグル回されて、お父さんに担がれて、どこかへ連れていかれます。リーサはお父さんに担がれながらも、「あ、今階段おりてる」とか「家の外に出た、やっぱりはいった」って途中まではわかりましたが、さんざんうろうろ連れられたので、今どこをぐるぐる歩いているやら、わからなくなりました。やっと降ろされて、目隠しも取ってもらえたところは、家の屋根裏部屋でした。(27頁) 壁には花柄のかわいい壁紙が貼ってあって、小さな家具があって、きれいなレースのカーテンとじゅうたんがある、すてきな部屋でした。このリーサだけの部屋が、みんなから、リーサへの誕生日プレゼントだったんですね。それでリーサは部屋のお引っ越しをしました。これで、ラッセとボッセに、お人形に落書きされることもなくなるでしょうね。

アストリッド・リンドグレーン 作
大塚勇三 訳
イロン・ヴィークランド さし絵
岩波書店

この『やかまし村の子どもたち』という本には、このほかにも、今度はリーサが家出をする話や、秘密基地を作る話など、わくわくするようなお話がたくさんはいっています。続きもありますから、読んでみてください。

さて、いろんな「くうねるところにすむところ」が出てきました。楽しそうなところ、めずらしいところ、うらやましいところ、面白そうなところなど、いろいろありました。みんなの「くうねるところにすむところ」は、どんなのですか？　私たちは、いつも当たり前に見ている自分の「くうねるところにすむところ」をまるで初めて見るように、改めて見てみると、どんなふうに映るでしょうね。そんなふうに観察するのも、たまには面白いかもしれませんよ。これで、ブックトークを終わります。

いいものさがし　見つけた！　つかまえた！

小学四年生対象　30分
池添トモ子（一冊の会）

みなさんは「さがしもの」は得意ですか？

たとえば、算数の教科書がどこかへいっちゃった……とか、宿題のプリント、どこに挟んだかなぁ……とか、図書館から借りた本、明日返さなくちゃいけないのに、あれれ？　どこに置いたかな……とか。そんな時、上手く見つけられますか？　なかなか見つからなくて泣きたくなったり、ようやく探し出してヤレヤレとくたびれたりしたことはありませんか？　私はよーくあります。「さがしもの」は苦手なんです……。

でも、楽しい「さがしもの」もありますよね！　見つける前から楽しくて、上手く見つけた時にはうれしくてたまらないもの……何か思いつきますか？　たとえば、もうすぐやってくる夏休みに、海できれいな貝殻を探して集めたり、虫を探して捕まえたりするのはどうでしょう？　秋はドングリやきれいな落ち葉かな？

そんなふうに季節ごとの何かいいものを探すのは楽しいですよね。私も大好きです。そうやって遊ぶのを小さいころ「いいものさがし」と呼んでいたんですよ。

そこで今日は、私の大好きな「いいものさがし」というテーマでブックトークをしてみたいと思います。「いいものさがし　見つけた！　つかまえた！」さて、どんないいものが見つかるかな？

みなさん達くらいのころ、春の私の遊び場所は、レンゲソウの花畑でした。みんなは、レンゲソウを見たことがあるかしら？

この『**植物記**』という本で探してみましょう。この本は、四月から始まって、その月ごとのいろいろな植物の写真がたくさん載っているのですが……。四月のカレンダーのページがあって、その真ん中辺り、小さい字ですが見つけましたよ！　14日「レンゲソウの花ざかり」と書いてあります！ そして、これがレンゲソウです。たくさん咲いているところを遠くから見ると、こんなふうです。後ろの人も見えますか？ まるで野原に桃色のじゅうたんを敷き詰めたようでしょう！

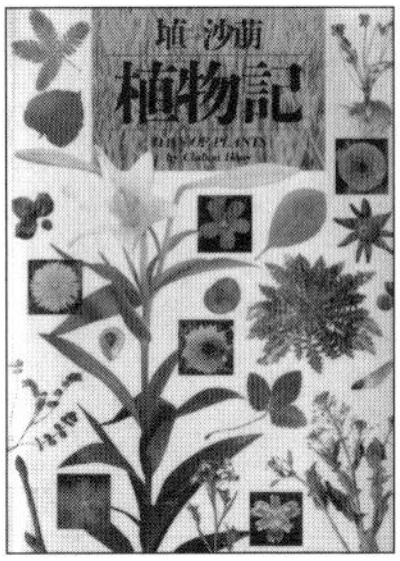

埴 沙萠 著　福音館書店

ここに、田を彩る花というタイトルがついていますが、レンゲソウは花が枯れたあと、土と一緒に耕してから田植えをすると、稲の肥やしになるとても役に立つ植物なのです。ですから、化学肥料が広まる前までは春先の田んぼがこんな風に桃色に染まる景色が日本のあちこちで見られたものでした。

そして、子どものころの私が、この桃色のじゅうたんの中でいいものさがしをしています。何を探しているかというと……この桃色の中に、たまにひょっこり真っ白いレンゲの花が咲いていることがあるんです。それが、四月の私のとびきり「いいもの」でした。

春先の田んぼですから、うっかり草深いところに入ってしまうと、とぐろを巻いたヘビに出くわして、ぎゃーっと逃げ出したりしながらも、白レンゲが欲しくて欲しくて、一日中飽きもせず探し回っていました。

この『植物記』という本の写真を撮り、文章も書いているのは、はに・しゃぼうという、ちょっと不思議な名前のおじいさんなのですが、この沙萠さんもきっと一日中飽きもせず植物のいいものさがしをしている人なのではないかと思うんです。もう少し中の写真を見てみましょうね。

この本はひと月に一枚大きな写真が載っています。たとえば、四月はこれです。クロマツという大きな松の木の、小さな種が芽を出したところです。どんな生き物の赤ちゃんもかわいいなぁと思うけれど、生まれたてのクロマツも良いでしょう。

夏休みのど真ん中、八月はこんな写真です。これは？ そう！ ネコジャラシ！ エノコログサとも言いますね。そしてその茎に片手で捕まっているのは小さなカエルの子です。これは夕方の写真。手足が夕日に透き通っているのが分かりますか？ 小さな小さな決定的瞬間ですね。

それから、いろいろ工夫した面白いテーマで写真を集めたページも、とても魅力的です。

たとえば、このページ。「これは何でしょう」（174頁）ですって。何だろう？ と首をかしげるような不思議な写真が並んでいますが、実はこれ、ほとんどが、みんなの身近にある、ありふれた植物なんですよ。この、きれいな緑のお山のてっぺんに、こんな尖った痛そうなツノ、何だと思う？　キュウリなのよ！

それから、これはわかるかな？　パンジーの真ん中のところね。そして、お隣の写真は、竹の切り口。竹のお箸のてっぺんにこんな模様を見たことないかしら？

遠いところに出かけて、珍しいものを探すのもいいけれど、すぐそばにこんなに面白い、いいものが見つかるなんて、とても嬉しくなりますね。何かいいものないかな？　って、すぐに探してみたくなってきませんか？　沙萠さんは、いいものさがしの達人ですね。

まだまだみんなと一緒に見たい写真がいっぱい詰まっているのですが、他の本も紹介したいので、この『植物記』、後でゆっくり見てみてくださいね。

そろそろ夏がやってきたぞという季節、誰か友達が、いいもの見つけた！　つかまえた！　と言ったら、（表紙を見せる）これかな？　と思う人いるんじゃないかな？　昆虫好きの子は、ウズウズしてくる季節ですね。

この『**クワガタクワジ物語**』の主人公、小学二年生の太郎君もそうなんです。クワガタが欲しくて欲しくてたまりません。その気持ち、わかる！　わかる！　という人いるでしょう？　でも、なかなかうまく捕まえられなかった太郎君ですが、ある日、何と一人で一度に三匹ものクワガタを捕まえて大興奮！　同じ木にいた、同じコクワガタという種類の、よく似た三匹なので、これはクワガタ三兄弟に違いないと、太郎君は、クワイチ、クワジ、クワゾウと名前をつけて、第一クワガタマンションと書いた木の樽で飼い始めます。

虫の本というと、まずカラフルな図鑑を思い浮かべるかもしれませんが、これは太郎君とお母さんの本当のクワガタ飼育体験の物語です。お母さんが書いた文章はとても読みやすいですし、挿絵は、なんと少し大きくなった太郎君が担当しているんですよ。

クワガタ三兄弟はそれぞれ違う性格をしていて、太郎君たちはそれをとても面白がって観察します。落ち着いた長男クワイチも、暴れん坊でいつもいきいき、人懐っこいクワジも、用心深くておとなしいけれど、実はけんか好きの末っ子クワゾウも、それぞれがりっ

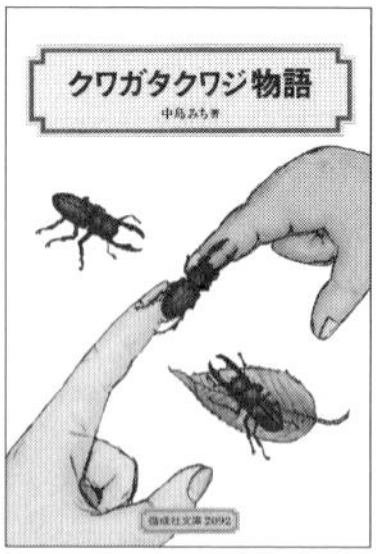

中島みち 著
太郎 さし絵
偕成社

ぱな物語の登場人物です。中でもクワジは、二つの冬を冬眠せずに越して、二年生の太郎君がみんなと同じ四年生になるまで長生きするんですよ。昆虫を飼うのが好きな人、特にクワガタを冬越しさせたことのある人は、興味津々ではないですか？

クワガタマンションの中でも外でも、色々と事件やドラマが起こります。夏休みにぴったりの本ではないでしょうか。

さて、次に何かを見つけたのは、さっきの太郎君より少しお姉さん、五年生の女の子かおるです。**『かおるが見つけた小さな家』**、こちらも夏の物語です。

かおるが見つけた小さな家は、草原の中にぽつんと一軒だけ建っています。ずいぶん古びてはいますが、元々は赤い屋根に、クリーム色の壁、黒い木のドア、窓からそっとのぞくとピアノだけがぽつんと置いてあり、ちょっとお話の中にでも登場しそうな様子に、かおるはとても心が惹かれます。

征矢 清 作　大社玲子 画
あかね書房

こっそりのぞいていたら、この家のおばあさんに見つかってびっくり！　最初は逃げ出してしまいます。でも、少しずつおしゃべりをしたり、一緒にピアノを弾いたりするようになり、仲良くなっていきます。

最近のかおるは、なんだか怒りっぽくて、人に何か言われるのがとてもイヤ。大好きだったピアノもやめたくなっていたのですが、この不思議な家に住むおばあさんになら、少し素直に甘えられる気がしたのです。かおるにとって、おばあさんと小さな家は大切なものになっていきます。

ところが、なぜか、同級生の女の子がおばあさんのひどい悪口を言いだします。ずるがしこくて、しつこい人で、つかまったら逃げられなくなるとか、あなたはだまされているとか。それに、あの家はもうすぐこわされてしまうのだというのです。かおるは腹を立てて、けんかをしてしまいます。でも、なぜその子はわざわざそんな意地悪を言うのでしょう？　かおるが見つけた小さな家には、ちょっと複雑な事情がありそうですね。

ぴかぴかの新しい本ではないので、ちょっと手に取りにくいかもしれませんが、みなさんくらいの人たちの気持ちをとても丁寧に書いてあって、そういうものって、古くならないのではないかなあ？　読んでいくと、かおると一緒に嬉しくなったり、驚いたり、悔しがったり、どうしようと悩んだり、自分や友達のことのように思えるのではないでしょうか。

『かおるが見つけた小さな家』のほかにも、かおるが主人公のお話がもう二冊あります。『かおるのひみつ』と『かおるのたからもの』。どれから読んでも大丈夫ですが、今日紹介したかおるが、一番お姉さんになっている感じがするので、ほかの二冊のほうが読みやすいかもしれません。よかったら、そちらも読んでみてくださいね。

　そして、次のお話は、舞台がアメリカにひとっとび。こんな風に始まります。

「しわくちゃの半ズボンとシャツを着たキース少年は、〝山の見えるホテル〟の二一五号室にはいってきたとき、だれかがじぶんをこっそり見ているなんてことは、知りませんでした。」

　キースはお父さんお母さんと一緒に夏休みの旅行中です。今夜泊まることになった古びたホテルの部屋で、こっそり新しいお客の様子をのぞいていたのは、誰でしょう？　ヒントは、壁の小さな節穴からのぞいていた……小さい生き物……そう！　ねずみです。このホテルにこっそり住んでいるねずみの一家の男の子、ラルフです。

そしてラルフが、キース君の部屋で見つけた「いいもの」とは、何でしょう？

ブル、ブルッ、ブルルーン
これです。ぴかぴかのオートバイ！　キースがお小遣いをためて買った大切なおもちゃですが、キースはラルフにオートバイを貸してくれます。ラルフがまたがるとピッタリの大きさ。しかも、口で、ブル、ブルッ、ブルルーンと音をたてると、不思議なことに、本当にスピードを上げて走り出しました。さあ！　**『子ねずみラルフのぼうけん』**の始まりです。

　ラルフはオートバイのスピードに夢中になります。「危険なんかなんのその。おかあさんなんかなんのその。これが生きてるってことさ。ぼくはこれがやってみたかったんだ。走れ走れ、どんどん走れ！」　ラルフのおかあさんは、息子に危ないことをするなとうるさく言います。だから、おかあさんなんかなんのその！　なんで

ベバリー・クリアリー 作
谷口由美子 訳　赤坂三好 絵
童話館出版

す。オートバイで走りまわるラルフを、キースはうらやましがります。自分のおかあさんも、危ないことはだめと心配ばかりしているんだと言います。どうやら二人は似た者同士、早く大人になりたい、冒険したい年頃のようです。二人は良い友達になれそうですね。

キースは、ホテルのゲーム室で(ピンポン玉を見せて)こんなものを拾います。これでラルフにいいものを作ってあげるのですが……そう！　オートバイ用のヘルメットです！　ピンポン玉を半分にして、クッションになるようにアザミの毛をつめて、ゴムバンドをつけて、本格的です。ところが、ラルフは大事なオートバイをなくしてしまいます。信用して貸したのにな、とキースに言われ、とても辛いラルフ。おまけに、ラルフのせいで、ホテルでは大掛かりなねずみ退治が始まり、用心してこっそり住んでいたねずみの一家に危険が迫ります。ラルフはどうすればよいのでしょう。いったい何ができるのでしょう?

少し長いお話ですが、小さなラルフが掃除機に吸い込まれそうになったり、見つかって、捕まって、コップに閉じ込められてしまったり、危ない目に会うたびにハラハラしていると、いつの間にか読み進んでしまいますよ。

もしも自分の目の前を、ちっちゃなヘルメットをかぶって、ぴかぴかの赤いオートバイにまたがったねずみが、ブル、ブルッ、ブルルーンと猛スピードで走り去ったらどうしましょう！　想像してみてください。

それから、この本の作者クリアリーさんは、他にも楽しいお話をいっぱい書いているんですよ。実は、図書室にもズラリと揃っているので、外国の物語の棚でクリアリーさんの本を探してみてください。そして、面白いお話を見つけたら教えてくださいね。

さて、色々な本を紹介しましたが、最後に、いいものを探しにでかけて、見つけに見つけて捕まえた、運のいい、まのいい猟師のおとっつあんのお話をしましょう。

「まのいいりょうし」(お話)

今のお話は、この**『日本のむかしばなし』**に入っています。猟師のおとっつあんがいろんなものをぶら下げて帰る様子はこんな挿絵になっていますよ。(74頁)

それでは、これでおしまいです。

瀬田貞二 文
瀬川康男、梶山俊夫 絵
のら書店

ためしてみよう！　こんなやり方

小学四・五年生対象　15分
角田寛子（いちごの森）

みなさん、こんにちは！　これからわたしはブックトークをします。ブックトークというのは、ひとつのテーマに従って本を紹介していくことです。

みなさんは、本を読むのが好きですか？　それとも、外で走り回っている方が好きですか？　うちの近所の六年生の男の子は、どちらかというと本を読む方が好きなのに、小学校のリレーの選手に選ばれてしまいました。そこで、リレーのメンバー四人は、放課後、毎日残ってバトンを渡す練習をしました。そのとき、先生が教えてくれたやり方は、こうでした。（ボールペンをバトン代わりに持ちながら話す）右手でバトンをもらったら、そのまま走って次の人の左手に渡す。左手でバトンをもらった次の人も、そのまま走ってその次の人の右手に渡す。わたしが昔習ったやり方は、それとは違っていたのでびっくりしました。わたしが昔習ったやり方は、右手でバトンをもらったら、すばやく左手に持ち替えて走り、次の人の右手に渡す。右手でもらった次の人も、すばやく左手に持ち替えて走るというやり方でした。でも、それだと、バトンを持ち替えるときに、体を少しひねるので、走るスピードが落ちてしまうそうです。彼らはそのまま走るやり方で、広島市で四位というすばらしい成績を残すことができました。

このように、まさかと思うやり方をためしてみたらうまくいくことって結構ありますよね。そこで、今日は、「ためしてみよう！　こんなやり方」というテーマで、三冊の本を紹介したいと思います。

みなさんは、走ったことはあると思うけど、何かに追いかけられたことってありますか？　例えばオオカミとか。そんなときのために高い木の上に大きな石をしこんでおくというやり方をためしたのは『**小さなバイキング**

ビッケ』です。みなさん、バイキングって知ってる？昔、ヨーロッパの北の方に住んでいた人たちのことで、船を造るのがうまく、あっちこっち出かけていっては、港や町をあらしたので、大変恐れられていました。そんなバイキング一族のなかにあって、ビッケはどんな男の子なんでしょう。

　ある日、ビッケはオオカミに出会い追いかけられます。ビッケは急いでこの木に登ります（10頁）。この木には大きな石が隠してあったからです。ビッケは石を取り出し、オオカミの脳天めがけて投げつけました。すると、オオカミは気絶しました。でも、ビッケはこんなとき、オオカミが息を吹き返すことがあると知っていました。そこで、一、二、三と百まで数えて、オオカミが息を吹き返さないことを確かめて、ゆうゆう家に帰っていきました。

　ところが、お父さんは、オオカミから逃げて帰ってきたビッケを情けないと言って叱ります。（15頁）でも、お母さんは頭を働かせて危険を切り抜けたビッケをほめて、お父さんもビッケと同じくらい頭が働いたらよかったのに、なんて言うもんだから、引っ込みがつかなくなったお父さんは、次の日ビッケと勝負します。石運びの競争をするのです。お父さんは体が大きいので、大きな石をどんどん運んでいきます。ビッケは小さいので無理です。そこで、ビッケのためしたやり方は（39頁）二本のよくしなる木の間に家のドアをくくりつけ、ドアの上に石を乗せて、バネのようにびゅんびゅん石を飛ばすやり方でした。その結果？　勝ったのは？　そう！　ビッケでした。

ルーネル・ヨンソン 作　石渡利康 訳
エーヴェット・カールソン 絵　評論社

　それで、お父さんも、お前は山ほどやり方を知っているとビッケを一人前の男と認め、航海の旅に連れていってくれました。ところが、町に着いて敵の建物に勢いよく飛び込んだのはいいけれど、ドアだと思っていたのは、ただのついたてで、むこうがわの落とし穴に落ちてしまいました（61頁）。武器も全部取り上げられて牢屋に移されます。でも、ビッケは、そのときこんなものを持っていました（67頁）。おかしいなと思った敵は聞きました。「それは何だ？」ビッケは答えます。「魚です。ぼくは今、育ちざかりなので、おやつが必要なんです」敵は信じました。こうして牢屋に魚を持ち込んだビッケ。実はこの魚、口がのこぎりのようになっていて（77頁）、その口で牢屋の柱を切り取り、それを武器のようにして使い、牢屋の扉にも穴を開け、まんまと脱出に成功します。そして、そのあとビッケは驚くようなやり方で、こんな大金を手にするのですが（101頁）。どうやったんでしょうね？

　このあともビッケの活躍は続きます。イラストもたくさん入っていて楽しいです。この一冊が気に入ったら『ビッケと赤目のバイキング』『ビッケと空とぶバイキング船』と続き、この『ビッケのとっておき大作戦』まで、全部で六巻あります。よかったらこの夏休み、シリーズ読みに挑戦してみてくださいね。

　あ、そうそう、ビッケが次の船の旅に出かけている最中、仲間のひとりが虫歯になってしまいました。歯が痛くて夜中も泣きわめくので、みんなは夜もおちおち眠れません。そこで、ビッケのためしたやり方は、虫歯にひもをくくり、そのひものもう一方のはじに弓矢の矢を結びつけ、大きな鳥が飛んでくるのを待って、大きな鳥めがけて弓矢をぴゅんと放ちました。見事命中。虫歯も抜けました。これでみんな眠れるようになるし、大きな鳥も捕れたし、矢も回収すれば無駄にならないし。抜けた虫歯はネックレスにするんですって。みなさんはためしてみたいですか？

　でも、大人の歯が生えるときに抜けた自分の歯だったらどうですか？　お母さんに金や銀のくさりをつけてもらってペンダントにしてもらった女の子もいますよ。チリという国でしているやり方です。金メッキをしてイヤリングにしているのは、コスタリカという国のやり方です。このようにいろいろな国のやり方を教えてくれているのは、**『はがぬけたらどうするの？』**です。

　アメリカでは、抜けた歯を枕の下に置いておくそうです（6頁）。そしたら夜の間に妖精がお金と取り替えてくれるそうです。フィリピンという国では、（22頁）「ひみつのばしょにかくして、ねがいごとをひとつする。1ねんごにそのばしょでぬけたはをみつけることができたら、もうひとつねがいごとができる」んだって。「なんにもしませーん」って国もあります（17頁）。ドイツです。

　日本のことも書いてあります。（25頁）「うえのはがぬけたら、えんのしたになげる。したのはがぬけたら、やねにほうりあげる」　何でかと言うと、「あたらしいはは、ふるいはのあるほうにのびる」からですって。そう言えば、わたしも昔「ねずみの歯とかえとくれー」とか「カラスの歯とかえとくれー」とか言って床下とか屋根に放り投げていたことを思い出しました。そしたらね、おとなりの韓国ではね、歯を屋根に放り上げて「カラス、カラス、ふるいはをあげるから、あたらしいはをもってこい」って言うんですって。やっぱり日本と韓国、近いから似てますよね。結構、屋根に放り投げる国はいっぱいあって、日本からこんなに離れた（4〜5頁）アフリカのカメルーンという国でも、大きな声で「わるいはをもってって、いいはをもってこい！」と言いながら歯を屋根に投げて、家のまわりを片足跳びで回るんだって（12頁）。こんなふうに、全部で六十六のやり方がのっているので、赤ちゃんの歯が残っている人はもちろん、残っていない人もためしたいやり方を探してみてください。

セルビー・ビーラー 文
こだま ともこ 訳
ブライアン・カラス 絵
フレーベル館

　さて、最後にアフリカのケニアという国の飲み水をきれいにするため、ある日本人女性がためしたやり方をご紹介しましょう。**『エンザロ村のかまど』**。（見返しを見せる）アフリカ大陸のここにケニアはあります。その中のエンザロ村はここです。エンザロ村にはまだ電気もガスも水道もありません。だから、飲み水は川から汲んできます。でも、その川の上流で病気がはやったり家畜がフンをしたりすると、その下流の水を飲む人は病気になったり亡くなったりしていました。

　そこで、日本人の岸田袈裟さんという人が考えたやり方はこうでした。（14頁）セメントで大きな箱を作り、その中に石や砂をいれ、汲んできた水を流し込み、汚れをこし取るやり方でした。でも、もっといいやり方があったんです。（26〜27頁）日干しレンガで土台を作り、粘土でおおい、二週間かわかすと、かまどのでき上がりです。（28〜29頁）エンザロ・ジコと呼ばれています。（16〜17頁）これまでは、大きな石を三つならべ、その上でお料理をしていました。汲んできた水を七十度くらいまで湧かせば、ほとんどの病原菌は死ぬとわかっていても、お料理のあとで水を湧かすことは、なかなか

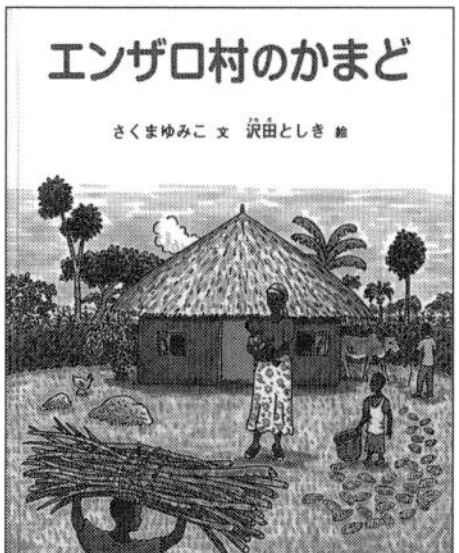

さくま ゆみこ 文
沢田としき 絵
福音館書店

できていませんでした。でも、エンザロ・ジコは火の口が三つあるので、そのうちの一つに水の入ったつぼをかけておけば、いつでも殺菌した水を飲むことができるようになりました。それまでは、生まれてきた赤ちゃんの七人に一人は亡くなっていたのですが、エンザロ・ジコができてからの五年間に生まれた赤ちゃん百三十五人のうち、五歳になる前に亡くなったのは一人になったと言いますから、随分大きな違いですよね。

それに、石の間から熱が逃げないので、たきぎの量が四分の一になり、森林保護にもつながりました。子どもがころんでやけどをすることもなくなりました。お料理も立ってできるから楽ちんです。

それから手作りだから、自分の生活にあった形につくることができます。（20～21頁）この人は背が高いからエンザロ・ジコも高くしたと言って自慢しています。この人は横に調理台も作ったと言って自慢しています。この人は薬草を煎じておけるので、子どもの皮膚病が治ったと言っています。

岸田袈裟さんがこの村に持ち込んだもので、もう一つ子どもの健康に役立ったものがあるのですが、それはいったい何でしょう？　次の三つのうちこれだと思う物に手を挙げてね。①わらじ　②かさ　③しょいこ。

（手を挙げてもらう）答えは！　読んだらわかりますよ。（38～39頁）ケニアの子どもたちがどんな一日を過ごしているのかもここに描いてあって、宿題はこんななんだなあとか、食べ物はこんななんだなあとか、よくわかるので、今ちょっと小さくて見えないかもしれないけど、あとで、見てみてくださいね。

今日は、いろいろためした人のやり方を紹介してきましたが、読んでみたい本はあったでしょうか？　みなさんも「こういうふうなやり方ためしたらうまくいったよ！」とか「こんなやり方がのってる本があったよ」とかあったら、是非わたしに教えてくださいね。では、「ためしてみよう！　こんなやり方」のブックトークはおしまいです。今日紹介した本は、はつかいち市民図書館の司書さんが、この教室に一ヵ月貸し出してくれることになりました。では、どうぞ！　本を見てみてください！

きたり はいたり かぶったり

小学五年生対象　30分
張替恵子（東京子ども図書館　理事長）

　このところ、肌寒い日もあり、だいぶ秋らしくなってきましたね。おしゃれの好きな人は、首に巻くもの、はおるもの、いろいろ工夫して楽しんでいるでしょう。そんな季節にちなんで、「きたり　はいたり　かぶったり」のブックトークをしたいと思います。

　みなさん、身支度をするとき、一番先に着るものは何ですか。そう、下着ですね。最初の本**『ひとりっ子エレンと親友』**は、その下着にまつわるお話です。主人公は、アメリカの三年生の女の子エレンです。

　大急ぎ、大急ぎ。エレンは、通りを走っていました。バレエ教室に一番乗りして、だれもいないところでレッスン着に着替えたかったからです。

　ところが、更衣室には、もう来ている子がいました。最近カリフォルニアから引っ越してきたばかりの、オースチンという女の子です。エレンが、ああ、早く着替えたい、と思っているのに、オースチンが「カリフォルニアではねえ……」といろいろ並べ立てるので、エレンはいらいらして、思わず、「カリフォルニアがなによ。そんなに、カリフォルニアがいいなら、カリフォルニアに帰ればいいでしょッ！」といってしまいます。オースチンは、「わかったわよーだ！」というなり更衣室をとび出していきました。

　エレンがどうしてもひとりで着替えたかった理由――それは、下着でした。シャツとパンツがひとつづきになった毛糸のコンビネーション。学校中でこんな古臭いものを着ているのは自分ひとりきりだと思っていたので、だれにも見られたくなかったのです。そのとき、だれかがやってくる音がしました。エレンはと

ベバリイ・クリアリー 作
松岡享子 訳
ルイス・ダーリング 画
学習研究社

っさに、隣の掃除道具置き場にとびこみました。そして、下着を肩からはずし、くるくるおなかのところまで巻きおろすと、ぼこぼこのふくらみをパンツのゴムでおさえました。それから、大急ぎでコスチュームを着て、レッスン場へはいりました。

ところが練習をしているうちに、下着がずりおちてきました。エレンが気をもんでいるところにやってきたのは、バレエの先生の息子で、エレンの同級生、オーチスでした。オーチスは、エレンのそばに来て、踊りのまねっこをはじめました。（25頁）エレンがずりおちた下着をひっぱり上げる動作までまねて。ほかの子の視線が集まり、くすくす笑いが聞こえます。

そのとき、さっき口げんかをしてしまったオースチンが踊りながら近づき、特別大きなジャンプに合わせて、オーチスに体当たりしました。ふたりは空中でぶつかり、床にしりもちをつきました。この騒動のおかげで、オーチスは外へおいはらわれます。エレンとオースチンはにっこり目を合わせて、仲直りすることができました。

レッスンのあと、びっくりするようなことがありました。エレンが急いで着替えようと掃除道具置き場にとびこむと、なんと、そこにはオースチンがいたのです。しかも、エレンとそっくりの毛糸の下着を着て！　こうしてふたりは、同じ下着の秘密を分かち合う親友になったのです。

こんなふうに下着が取り持つ縁で仲良しになれたふたりですが、この友情に危機が訪れたのも、また着るもの――おそろいのワンピースのせいでした。それも今度は口げんかどころではなく、ピシャッと張り手がとぶ大げんかでした。何日も口をきかない日が続きます。この表紙のように、ふたりは仲直りができるでしょうか？　気になる人は、どうぞ読んでみてくださいね。

下着を着たら、今度は、上着。（表紙）この上着を着ているのは、ナスレッディン・ホジャというおじさんです。

ホジャは、今から八百年前のトルコに住んでいたといわれています。とてもとんちのうまい面白い人で、トルコにはこの人についての話が何百と伝わっているそうです。今日は、この**『天からふってきたお金』**にはい

アリス・ケルジー 文
岡村和子 訳　和田誠 絵
岩波書店

っている十六のお話の中から、着るものにまつわる「ごちそうをたべた上着」を語りたいと思います。（お話）

こんなふうにやりかえせたら、すっきりするでしょうね。さて、着るものの次は、はくものに移りましょう。ホジャはだぼっとしたズボンをはいていますが、ここにも似たようなズボンをはいた女の人たちがいます。

『ズボンとスカート』（26頁）ここは、トルコの田舎。おばさんたちがはいているのは、シャルワールというズボンです。四角い布を縫い合わせ、足を出すところだけ穴が開いています。たっぷりしているので、ロバにまたがっても大丈夫、砂漠をゆくときも砂がはいってきません。暑いときは涼しいし、寒いときは枯葉をつめて暖まることもできます。便利でおしゃれですね。エジプト、イラン、インド、モンゴル……シャルワールに似た服はあちこちにあります。そして日本にも、（37頁）十六世紀ごろ、スペインやポルトガルを通じてはいってきました。ポルトガ

松本敏子 文・写真　西山 晶 絵
福音館書店

ル語では、このふくらんだズボンをカルサンと呼びます。日本でもそれを真似したものを「かるさん」と呼びました。いまでもそれをはいているある職業の人がいます。だれでしょう。――相撲の呼び出しです。

男の子はズボンだけ、スカートは女の子だけ、と思っていませんか？　でも、スコットランドの男の人は、キルトという巻スカートをはいています。モンゴルの女の人は、昔から馬に乗るのに一番都合のよいズボンをはいてきました。スカートの下にズボンをはくのは、今のファッションかと思っていたら、あちこちで昔からあったようです。四角い布を巻きつけるやり方もいろいろ、これを見ながら、新しいおしゃれを試せそうですよ。

さて、ズボンやスカートをはいたら、次は靴。人間は、いつごろ、どうやって靴を発明したのでしょう。ここにちょっとしたヒントがあります。

この**『ブータレとゆかいなマンモス』**の主人公は、みにくい氷河人。（6頁）みんなからのけものにされ、いつも、ぶつくさ文句をいっているので、ぶつくさのブータレと呼ばれていました。毛皮を着て、足は裸足ですね。

その日、ブータレは鳥のように空を飛ぼうとしていました。空を飛べれば、雪の上を歩いて、足が紫色にかじ

かむこともなくなるだろうと思ったからです。でも、ただ腕をバタバタしても、体は浮きません。

デリク・サンプソン 作
張替恵子 訳
サイモン・スターン 画
学習研究社

腕をおおう翼が必要だと思ったブータレは、住家にしている洞穴へ戻り、ガラクタの中から二枚のウサギ皮を取り出しました。さて、この皮を腕にぶら下げるには……と考えているとき、ぼさぼさの毛におおわれた大きなものが目にはいりました。いつもブータレにちょっかいを出してくる、マンモスのハーマンです。ブータレは、ハーマンが居眠りをしているすきに、「へーい、もらったぜ！」と針金のような毛を引き抜き、その毛で、ウサギ皮を腕にくくりつけました。

それから、崖に向かってまっしぐらに走るブータレ。勢いよく地面を蹴りましたが、飛んでいる感じがしません。（84頁）ブータレがまっさかさまに墜落することを恐れたマンモスのハーマンが、長い鼻でつかんだからです。ブータレは身をふりほどくと、雪の斜面をすべり、崖っぷちからジャンプ。と思ったら、雪の吹き溜まりに頭から着地。幸い、ケガはありませんでした。

でもブータレはかんかん。「このおんぼろめ！」とウサギ皮を腕からむしり取って、足元に投げつけました。ぶすっとしてウサギ皮を蹴飛ばすと、あったかい毛がかじかんだつま先にまとわりつき、いい気持ちです。そこで、ブータレは毛の方を内側にして足をくるみ、ハーマンの毛でくくりつけました。「あったかな足であるけるのに、のうたりんのおいぼれ鳥みたいにとびまわっていられるか！」ブータレは楽しげに踊りだしました。それをハーマンは、きょとんとした顔でながめていました。

こんなふうに氷河時代の原始人とマンモスの奇妙な友情物語が綴られます。ほかにもブータレはいくつかの発明をします。梯子、そり、ゆで卵などなど。ウソかマコトか……それは、ご自分で判断してください。

もうひとつ、靴の話。靴は靴でも、氷の上をすべる靴。そう、アイス・スケートです。舞台は、今から百五十年くらい前のオランダ。この表紙絵では、子どもたちが凍った運河でスケートをしています。

『銀のスケート』の主人公ハンスは十五歳、妹のグレーテルは、十二歳です。ハンスやグレーテルもスケートは得意。でも今は、木切れをけずった粗末なスケートですべっています。お父さんがもう何年も、ケガの後遺症で働けず、とても貧しいからです。

　オランダといえば、風車（別に用意した写真を見せながら）を思い出す人もいるでしょう。この風車というのは、低い土地から水をくみ上げ、運河に流す働きをしているのです。オランダの土地は海面より低いので、周りを堤防で囲い、水をくみ出すのです。その堤防を守ることが、ハンスのお父さんの仕事でしたが、十年前にケガをして記憶を失い、それからただボーッと毎日を過ごすようになりました。その上、それまでこつこつ貯めてきた千ギルダーもの大金が、その直後からどこかへ消えたままなのです。

　ハンスはいろいろな仕事をして、家計を支えていましたが、名医として知られるブックマン先生と知り合いになり、お父さんの治療を頼みます。また、妹のグレーテルと一緒にスケート大会に出て、賞品の銀のスケートを勝ち取りたいと願います。

　この物語は四百頁以上あって、長いです。それに、途中、ハンスほど貧しくはない少年たちが、（地図を見せながら）アムステルダムからハーグ、ロッテルダムへとかなり長いスケート旅行をする話が何章も続き、あれっ、ハンスの話はどうなっているんだろう？　とじりじりするかもしれません。でも、そこのところは、スケートですべるようにさーっと読み進んで、後半になると、いろいろなことが一気に解決に向かうので、ワクワクのし通しです。この貧しい一家に幸運はもたらされるのか？　知りたい人はどうぞ、挑戦してみてください。

メアリー・メイプス・ドッジ 作
石井桃子 訳　ヒルダ・ファン・ストックム さし絵
岩波書店

　ところで、オランダで思い出す花といえば、そう、チューリップですね。チューリップの語源を知っていますか？　さっきホジャがかぶっていたターバンです。十六世紀ごろ、神聖ローマ帝国の大使が、トルコではじめてチューリップを見て、何の花かと尋ねました。尋ねられたトルコ人が頭のかぶりものを指して、ターバン（トルコ語の発音だとトゥリパム）のような形でしょうと説明したところ、それが花の名前だと勘違いしたのが元なのだそうです。ということで、靴をはいたら、今度は帽子。

　この帽子をかぶっているのは？（25頁）ムーミンパパだと分かった人は、かなり通《つう》ですね。おなじみムーミントロールのお父さんです。

『**たのしいムーミン一家**』の主人公ムーミントロールはカバみたいな顔で、コブタみたいに太った男の子。ムーミン谷にパパ、ママ、それから風変わりな仲間たちと住んでいます。

トーベ・ヤンソン 作・絵
山室 静 訳
講談社

ある春の日、ムーミントロールは、仲間と登った山の頂上で、真っ黒いシルクハットを見つけます。ムーミンたちは知らなかったのですが、その帽子は、魔法の帽子で、中にはいったものを別のものに変えてしまいます。たとえば、卵のからは、ふわりと浮かび、操ることのできる小さい雲に、かくれんぼで隠れたムーミンは、耳の大きいETのような化け物に。でも、ご安心、この魔法は一日しか続かないので、ちゃんと元に戻ります。それから、この帽子が川に捨てられたときには、帽子に流れこんだ川の水が、真っ赤な木イチゴジュースになったそうです。ちょっと味見してみたいですね。

こんな事件が続く中、親友のスナフキンがカササギからこんな話を聞いてきます。——世界のはての高い山に飛行おにがすんでいる。飛行おにには、いつも黒ひょうに乗って空を飛び回り、ルビーを集めて帽子の中に入れて戻ってくる。彼はたくさんの宝石を持っているが、幸せではない。なぜなら、ルビーの中のルビー、「ルビーの王さま」が見つからないから。そして、少し前に月の火口にそれを捜しにいったとき、帽子をなくしたらしい……。そう、あのシルクハットは飛行おにのものだったのです。

このあとも不思議な事件が続きます。おしまい近くまで読んでいくと、あなたもルビーの王さまをながめることができます。「やわらかい赤い光が、あたりをさっとてらしたと思うと、目のまえに、ひょうの頭ほどもあるルビーが、横たわっていました。——しずんでいくお日さまそっくりに、いきた火のようにかがやいて」。さあ、飛行おにには、念願のルビーの王さまを手に入れることができるでしょうか。結末にひとひねりあるのですが、読み終わるとあたたかい気持ちになれる物語です。

ここにも変わったシルクハットを見つけました。『**衣服の歴史図鑑**』(46頁)オペラハットといって、劇場で、折りたたんで座席の下にしまうことができたそうです。ほかにも、面白いかぶりものがいっぱいです。

　ところで、一般的に、かぶっていることを、人には知られたくないものって、なんだか分かりますか？
そう、かつらです。

L・ローランド＝ワーン 著
川成 洋 日本語版 監修
あすなろ書房

でも、この本を見ると、昔は正々堂々のおしゃれだったことが分かります。（8頁）古代エジプト人は正装をするとき剃った頭にかつらをかぶるのを好んだそうです。かつらは、人間の毛髪や亜麻、ヤシの繊維などで作られ、蜜蝋で頭に固定されていました。

　かつらが大流行したのは、十七世紀後半のフランス、ルイ十四世の時代です。（28～33頁）もともとルイ十四世のはげ頭を隠すためだったともいわれていますが、やがて、かつらが権威を象徴するようになり、教養ある紳士はかつらなしで人前に出ることはなくなったそうです。やがて、さらに凝ったものが現れ、角が二本突き立ったようなものまでありました。十八世紀には、後ろで結ぶタイ・ウィッグや、髪粉で白くし、こんもりと高くしたかつらも出てきました。このころは、男も女も真っ白に厚化粧し、つけぼくろをつけるのが魅力的だと考えられていたとか。そのころ、洗顔が不健康なものと信じられていたため、汚れを隠す目的もあったというのですから驚きです。この本には、ブータレがいたような時代から、現代まで、西洋を中心とした、きたり、はいたり、かぶったりのさまざまがつまっています。隅々までながめてください。

　人間は長い歴史の中で工夫を重ね、おしゃれを楽しんできたのですね。その楽しさに魅せられて、新しい服をデザインする人を**『ファッションデザイナー』**と呼びます。

　この北原明子さんは、小学生のころから、物語の主人公に着せる洋服をあれこれ頭の中で考えては、絵に描いたり、紙で作ってみたりする女の子でした。そして、専門学校を卒業して以来、ずっと洋服作りの仕事をしてきました。

　（各頁を見せながら）これは、自分の部屋でデザイン画を

武田万樹 文　斎藤貢一 写真
あかね書房

描いているところ。北原さんは、旅先で海をながめているときや、タクシーの中や、電話中にもアイデアが浮かんでくるので、大急ぎで描き留めるそうです。これは、色選びのための見本。生地を選んでいるところ。いよいよ、製作開始、人間の形をした台に生地を巻きつけ形を作ってみます。服が縫い上がると、モデルさんに試着してもらい、最終の手直しをして出来上がり。靴やアクセサリーも選んで、お店に飾りつけます。やさしい色にあふれた北原さんのお店「マイン・メイ」。ファッションに興味のある人は、後ろのインタヴューも読んでみてください。

本の中の「きたり はいたり かぶったり」いかがでしたか。どうぞ、手に取ってみて、あなたのお気に入りを探してください。

では、そろそろ、「おしまいの話」*にします。

むかし、むかし、あるところに、おじいさんとおばあさんがすんでいました。おじいさんは山へ柴刈りに、おばあさんは川へ洗濯に行きました。すると、川上から、どんぶらこどんぶらこと、大波に乗って、大きなたんすが流れてきました。おばあさんは、大喜びで、よっこらよっこらとたんすをかついで、うちへ持って帰りました。

おじいさんとふたりで、引き出しを開けてみると、目玉の飛び出るような美しい着物がたくさんはいっていました。さて、何枚あるか数えることになりましたが、あんまり立派な着物なので、ただふつうに数えるのはもったいない。そう考えたふたりは、こんなふうに数えました。おいちまい、おにまい、おさんまい、おしまい。

今日のブックトークもおしまい！

＊『利根昔話集』（全国昔話資料集成13）岩崎美術社より再話

もうひとつの名前

中学生対象　30分

杉山きく子（東京子ども図書館 理事）

いま私の名前を紹介しましたが、実はもうひとつ名前がありますと言ったら、皆さんはどう思いますか？　本名のほかにもうひとつの名前を持っている人はたくさんいます。ペンネームとか、芸名とか、屋号とか、俳号とか。今日は「もうひとつの名前」というテーマでいろいろな本を紹介します。

最初に紹介する『**ナタリーはひみつの作家**』では、二人の女の子がもうひとつの名前を使って、大人顔負けのビジネスをします。

ナタリーは、（表紙）この子ですが、お父さんを亡くし、お母さんと二人きりで暮らしています。お母さんは出版社で子どもの本の編集の仕事をしています。

ある日、ナタリーはお母さんから今、売れる本は学校もの、つまり学校を舞台にしたお話だということを聞きます。それでこう考えます。

「学校のことをいちばんよく知っているのは、週に五日、一年に九ヵ月も学校にいるわたしたちじゃない？　わたしならきっと、学校もののお話が書けるわ」（12頁）それがすべてのはじまりでした。

ナタリーは小さい頃から本が大好きで、文章を書くことも大好きでした。それから四ヵ月かけて、「うそつき」という学校を舞台にした物語を書いていきました。親友のゾーイに読んでもらうと、（表紙）この背の低い方の子ですが、すっかり気に入って、これをお母さんに渡して出版してもらうようにとナタリーに言います。でもそんなことできっこありません。もしお母さんが、娘がこんな素晴らしい作品を描いたんですと言って編集長に原稿を見せたら、親ばかだと思われるだけです。ゾー

アンドリュー・クレメンツ 作
田中奈津子 訳　伊東美貴 絵
講談社

イは、それならペンネームを使って原稿を出版社に送れば、ナタリーのお母さんは気づかないで原稿を読んで、気に入って出版するわよと提案しました。ペンネームを使えば、確かにお母さんはナタリーと気づかずに原稿を読むでしょう。でも事はそう簡単ではありません。出版社には毎日、作家の卵から原稿が山のように送られてくるのです。そのほとんどは、ただ机に積まれていくだけで、誰にも読んでもらえません。ナタリーの原稿も、その山を大きくするだけでしょう。

　でもゾーイは、一度こうと思ったら決して引き下がらない子です。ゾーイに何かを途中でやめてと頼むのは、バナナを食べているチンパンジーに途中でやめろと言うようなものなのです。

　ゾーイはふたつの作戦を立てます。ひとつは、ペンネームを使うこと。ナタリーは、カサンドラ・デイという名前を名乗ることにしました。そうすればお母さんは娘の作品と知らずに、客観的な評価をすることができるでしょう。もうひとつは、代理店、つまりエージェントに頼むということです。エージェントとは、作家に代わって、出版社に原稿を売り込む仕事をします。作家が直接送るより、良いエージェントが出版社に売り込めば、読んでもらえる確率が高くなるのです。ナタリーのエージェントは、もちろんゾーイです。「シェリー・クラッチ著作代理店」のジージー・レイスマンを名乗って、カサンドラ・デイの原稿をナタリーのお母さんに、売り込むのです。子どもだと見破られないように、大人っぽい低めの声で出版社に電話をかけます。それから事務所を借りたり、交渉したり、大活躍。二人の作戦は成功するでしょうか？

　皆さんは、ペンネームや芸名は持っていなくても、あだ名はありますか？　あだ名には、あまりうれしくないものもありますが、**『君たちはどう生きるか』**の主人公、本田純一くんは、自分のあだ名がちょっぴり自慢でした。それは「コペルニクス」くん、略してコペルくんというあだ名なのです。このあだ名をつけてくれたのは、コペルくんのおじさんでした。

　中学一年生の秋、コペルくんは、おじさんと銀座のビルの屋上にいました。そこからは、カブトムシのような車が次々と走っている道や、たくさんの家や

吉野源三郎 著
堀川理万子 さし絵
ポプラ社

ビルを見渡すことができました。霧雨が降っていて、遠くはかすんでよく見えませんが、コペルくんは、びっしりと大地を埋め尽くしている屋根の下にたくさんの人が生きていると考えて、恐ろしいような気がしてきました。それでおじさんにここから見えるところだけで、どれくらいの人間がいるかと聞いてみました。すると、おじさんは、昼と夜では東京の人間の数は違う、毎朝、大勢の人が東京へやってきて、夕方引き上げている。ちょうど海の潮のように満ち引きしていると答えました。コペル君は、何十万、何百万という人間が毎朝、毎夕、潮のように満ちたり引いたりしている様子を想像しているうちに、だんだん不思議な気持ちになってきました。そしておじさんにこう言ったのです。

「人間て、まあ水の分子みたいなものだねえ。」

この発言がきっかけで、おじさんはコペルニクスくんというあだ名をつけてくれました。コペルニクスは、皆さんも知っている通り、初めて地動説を唱えたひとです。それまで人々は、天動説、太陽や月が地球の周りをまわっていると見たままを信じていました。しかしコペルニクスは、自分たちの地球を広い宇宙の中の天体のひとつとしてとらえ、地球が広い宇宙の中を動いていると考えたのです。天動説と地動説、このふたつの考え方は、天文学だけにとどまらず、世の中とか人生とかを考える時にやはりついて回ることだとおじさんは言います。つまり、自分を中心にものごとを考えたり、判断したりすると世の中の本当のことを知ることはできない。真実を知るには、コペルくんが考えたように、自分を広い世の中の一分子だと考えることが大切だと言うのです。

『君たちはどう生きるか』は、今から八十年くらい前の中学生が主人公です。そのころはネットやスマホはもちろん、テレビもありません。でも皆さんと同じように友だちと愉快に遊んだり、自分の意気地なさに悩んだり、世の中のことを考えたりしています。とてもやさしい言葉で、知恵や勇気、真実、人間の値打ちなどについて書いていて、深く考えることができます。

ペンネームにしろ、あだ名にしろ、私たちは自分の名前は自分のものだと思っています。でもこれから紹介する本の主人公は、自分の本当の名前を奪われ、別の名前を強制されました。

『名前をうばわれた少女』は、第二次世界大戦中に、チェコのリディツェ村で起きた事件をもとにした物語です。平和な時代から見ると、戦争のもとでは狂気と思えるような政策が進められますが、これはまさにその典型といえるでしょう。
　ヒットラーは、「アーリア人」こそ優れた人種だという考えに染まり、アーリア人をドイツ国内で増やす計画を秘密裏に進めます。ヒットラーはアーリア人の特徴を金髪と青い眼だと考えます。そしてその特徴を備えた金髪と青い眼の子どもをポーランドやチェコスロバキアから強制的にさらってきたのです。「ドイツ人化計画」と呼ばれた恐ろしい計画の犠牲者が本書の主人公、ミラダです。ミラダは、ドイツ人として、エファと言う名前を新たにつけられ、ドイツ人になるべく徹底した教育を受け、ドイツ人家庭の養子になります。しかし、彼女は心の中で必死に自分の名前、ミラダを、自分の家族を忘れまいと戦います。

ジョアン・M・ウルフ 作
日当陽子 訳　朝倉めぐみ 絵
フレーベル館

　名前を持っているのは、人間だけでしょうか？　動物だって、自分たちの社会の中で名前を持っているのかもしれません。そうなると私たちがペットにつける名前も、動物から見れば、ちょっとおせっかいなもうひとつの名前なのかもしれません。

『**わたしのノラネコ研究**』を書いた山根先生は、たくさんのノラネコに名前をつけました。先生は動物生態学が専門で、ノラネコの研究をしています。ノラネコは私たちにとって最も身近な野生動物で、ノラネコの研究がほかの野生動物の習性を知ることにもつながるそうです。研究は、まずこの「個体識別カード」（28頁）を作ることからスタートします。ノラネコ一匹につき、一枚作ります。記録をした年月日、記録した場所を書きます。ネコの毛の色を塗ります。顔の形やしっぽの形を描き込みます。長いしっぽだったら、長く、短かったら短く書いて、毛の色を塗ります。ここに（カードの上を指して）名前の欄があります。この名前は、記録をした人がつけます。
　山根先生がつけた名前を紹介しましょう。（34〜35頁）
三毛猫なのでミケリン、いつもふてぶてしく睨みつけるのでフテ、わかりやすいですね。右の横腹に黒いぶ

山根明弘 著
さ・え・ら書房

ちが四つあるのでクロヨン、大学時代のクラスメートのもっちゃんに似ているので、もっちゃん。これは先生にしかわかりません。名前はそのネコの印象をそのままつけると、見た時にすぐに名前が思い出せるそうです。

山根先生は、玄界灘にある相島という島で、七年間ノラネコの研究をしました。二百匹もいるネコ全部に名前をつけたそうです。先生の研究テーマのひとつは体の大きなオスネコが有利かどうかということです。有利とは、大きなオスネコがメスネコにもてるかどうか、そして子孫をたくさん残せるかどうかということです。研究の結果は、私たちの予想を超えて……それ以上知りたい人はぜひ読んでください。

山根先生は、見た目の印象で簡単に名前をつけていますが、本当は名前には大きな力があります。そんな世界を描いたのが**『影との戦い』**という本です。これ（見返しの地図）が物語の舞台、アースシーの世界です。たくさんの島々からなるこの世界には、人間だけでなく、竜も魔法使いも住んでいます。たくさんの魔法使いの中で最も勇ましい戦いぶりを歌われたのが、この本の主人公、魔法使いのゲドです。ゲドは、子どもの頃から並外れた魔法の力を持ち、魔法学院で学ぶことを許されます。けれども、高慢な心から、友だちと魔法の技を競い合い、死の国から邪悪な影をこの世界に放ってしまいます。影はつねにゲドをつけ狙い、逃げても逃げても追ってきます。

アーシュラ・K・ル＝グウィン 作
清水真砂子 訳
ルース・ロビンス さし絵　岩波書店

さて、アースシーの世界では、すべてのものには、真《まこと》の名前があり、その真の名前を知ってこそ、初めて魔法の力を発揮することができます。ゲドも、普段は、真の名前のゲドではなく、ハイタカと呼ばれていました。というのも真の名前は決して人に知られてはならず、万一邪悪なものに知られたら、命を失いかねないからです。

ではゲドのたくさんの戦いの中から、ある一匹の竜との対決をご紹介しましょう。アースシーの西側にペンダーという島があり、そこには長年、年取った竜が住みついていました。竜は、かつて人々の栄えていた都を焼き払って、廃墟と化した街で、金銀財宝を抱えて暮らしています。あるときその竜が卵をかえし、八匹の子どもが育ちました。危険な竜たちがやってこないとも限らないと考えた隣の島の人びとは、魔法学院に魔法使いの派遣を頼みます。ゲドが選ばれて、竜と対決しに舟に乗ってペンダーに向かいます。

島に着くと、ゲドは「ペンダーの略奪者め、宝がほしければ、出てこい！」と叫びました。すると若い竜が飛び出してきました。ゲドは、強力な呪文で、次々と竜を海の中に投げ込みます。更に同時に三匹が襲ってくると、ゲドはわが身を竜に替え、舟から舞い上がって、口から火を吐いて二匹を焼き殺し、追ってきたもう一匹に飛びかかると爪で激しくつつきました。すると、竜は地面に落ち、体を引きずって、古井戸の中に入ってしまいました。

やがて、島で一番高い塔がゆっくりと形を変え、突然、巨大な竜が姿を現しました。これこそが、ペンダーの年取った邪悪な竜でした。ゲドが交渉をしようと持ちかけると、竜が答えました。二人の激しいやり取りの場面を読みます。

（141頁）「『交渉だと⁉　ふん、何が交渉だ。話し合いなんぞ、わしはせんぞ。わしは奪うだけだ。わしがそのつもりになって、おまえから奪えんものに何がある？』

『身の安全さ。おれの手にあるきさまの身の安全よ。二度と再び、ここより東へは行かぬと約束しろ。そうすれば、おれも手荒なことはせん。』

山をいくつもの岩がころがり落ちるような、遠いなだれのような不気味な音が竜の喉の奥から聞こえてきた。三すじの舌を火が這うように踊った。廃墟に立つ竜のからだは、前よりもいっそう高くもりあがった。

『身の安全だと⁉　このわしをおどそうというんだな。何にかけてだ。』

『きさまの名にかけてだ、イエボー！』

ゲドの声はその名を語る時、震えた。しかし、大きく、はっきりとした声だった。年とった竜は、ゲドの返答に、はっと身を固くし、凍りついたように動かなくなった。一分が過ぎた。そして、また、一分が……。」

ゲドは、たくさんの書物を読んで、竜の歴史を調べ、このペンダーの竜の名前を推測したのです。それは当たっていました。真の名がわかれば、相手を自分の支配下に置くことができるのです。

（142頁）「おれたちの力は五分五分だ。まさにいい相手だぞ、イエボー。きさまには腕力があるが、おれとて、きさまの名を握っている。どうだ、話し合いでおさめぬか。」

竜と激しいやり取りを交わしながら、ゲドは竜の真の名前、「イエボー」を繰り返します。そのたびに、竜は力を失い、自由を奪われていきます。

しかし、年老いたイエボーも抜け目なく、ゲドに交渉を持ちかけます。竜は、ゲドをつけ狙う影の名前を知っていると言うのです。そして自分の自由と引き換えに教えようと持ちかけます。しかしゲドはこの甘い誘惑を蹴って、ついに叫びます。（144頁）

「『イエボー！　きさまの名にかけて誓え。きさまも、きさまの息子どもも、二度と多島海《アーキペラゴ》には行かぬとな。』

突然、ごうと音がして、竜の口から真っ赤な炎がふき出した。

『誓おうぞ。わしの名にかけて誓おうぞ！』

静寂が島をおおった。イエボーはその巨大な頭を垂れた。竜が再び顔をあげたとき、魔法使いの姿はすでにそこにはなく、彼の乗った小さな帆舟は白い点となって、内海の豊かな島々を目指し、もと来た道をもどっていくところだった」

この本は、少し難しいところもありますが、挑戦するだけの値打ちのある本です。魔法使いのゲドはとってもかっこいいです。

では、最後に自分だけのもうひとつの名前を持っていた男の人の話を語って、ブックトークを終わりにします。

「だんなも、だんなも、大だんなさま」（お話）（『**イギリスとアイルランドの昔話**』）

石井桃子 編・訳
J・D・バトン 画
福音館書店

中川李枝子 さく
山脇百合子 え
学習研究社

『たんたのたんけん』

小学二年生対象　8分
小野寺愛美（東京学芸大学附属大泉小学校）

冒頭『ホットケーキ』（東京子ども図書館編・刊）より「ライオン狩り」のゲームをする。

　みんな、最後までついてこられたかな？

　どうやら、全員無事に戻ってこられたようです。川を越えたり、草地を通ったりして、もう少しでライオンに見つかってしまうところでしたね。ところで、この地図を見てください。（見返しの地図）

「キリンのまつ　ここにのぼれば　なんでもみえる」「うしの　しっぽがわ　はし　なし　とびこえること」「ここからさき　のぼりがつづく」。「わにのいし」を通って、「みつばちのはら」を通って、どんどん登っていくと……、「ライオンやま　ちょうじょうにライオンいわあり」。なんだか、さっき私たちが行ったライオン狩りの道と少し似ていますね。

　もう少し、地図を見てみましょう。頂上から反対の道を下っていくと、「ジャングル」。そして、「ここからさきは　なにか」「？」と書いてあり、地図の端もめくれて見えなくなっています。とても気になりますね。地図を持って探検に出かけたのは、『たんたのたんけん』の主人公「たんの・たんた」です。八月二十九日、待ちに待った誕生日の朝、たんたが目を覚まして窓を開けたところに、一通の白い封筒が飛び込んできました。

　封筒の表には、大きく「た」と書いてあります。裏をめくると、そこにも「た」と書いてあります。お日さまに透かして見ると、中には手紙が入っているようです。いったい、だれから来た手紙なのでしょう？　とにかく、自分の名前と同じ「た」の字が二つも書いてあるのだから、これはぼくに宛てた手紙に違いないと思ったたんたは、はさみで封筒を開けてみました。すると、中に入っていたのは……。一枚の地図でした。そう、さっきみんなで見たあの地図です。勇敢な男の子たんたは、この地図を持って探検に出発することにしました。

探検に出かけるとき、みんなら何を持っていきますか？　ライオン狩りには鉄砲と双眼鏡を持っていきましたね。たんたは、まず、ぼうし屋さんに行って、探検にぴったりのぼうしを手に入れることにしたのです。（13頁）

するど、あれ？　たんたと同じようにぼうし屋さんにやって来て、ぼうしを選んでいるお客さんがいます。ねこよりちょっと大きいひょうの子です。（15頁）たんたはつぎに、おかし屋さんへ行き、探検にぴったりのおかしを選んでいると……。（17頁）あれ？　また、たんたと同じように腕組みをしておかしを選んでいるひょうの子がいます。そのつぎにたんたは、おもちゃ屋さんへ行き、望遠鏡を選んでいると……。（21頁）またまた、たんたのまねっこをしているひょうの子がいます。

すっかり支度の整ったたんたは、いよいよ探検に出発。まずはキリンの松にまたがって、望遠鏡で見まわしていると……。（24～25頁）どうやら、このひょうの子はたんたの探検にずっとついてくるようなのですが、たんたはそれには気が付かず、地図を頼りにどんどん道を進んでいきます。

さて、たんたのまねっこをして、あとをついてくるこのひょうの子はいったいだれなのでしょうか？　そして、ジャングルの先には何が待っているのでしょうか？　それから、この探検の地図はいったいだれから贈られたものなのでしょうか？　この探検には、いくつもなぞが残っています。みんなも物語を読みながら、たんたといっしょに探検を続けていくと、なぞがつぎつぎと解けていくはずです。

地図を片手に探検へ出かけたたんたは勇敢な子ですが、なかなかの名探偵でもあるのです。この本の続きの、『たんたのたんてい』ではあやしい事件が起こります。毎朝、郵便受けに入っているはずの新聞がこの日は入っていなくて、代わりににんじん色の、あちこちへこんだ、でこぼこの使いかけチューブがあったところから事件は始まります。頭を使って、仲間といっしょに事件のなぞに迫るたんたの活躍も見てみませんか？　このあいだの誕生日に、おばあちゃんからもらったむしめがねも大活躍します。

このブックトークは、絵本から幼年文学へと移行していく時期に合わせて実践しています。本格的なブックトークをするのにはまだ早いと思われる小学二年生（夏休み前）でも、楽しみながら本の紹介を聞けるように、遊びの要素を入れる工夫を考えました。

E・L・カニグズバーグ 作
松永ふみ子 訳
岩波書店

『クローディアの秘密』

小学五・六年生 対象　3分
遠藤知子（熊野町立図書館）

皆さんは、家出したいと思ったことはありますか？

この本に出てくる、もうすぐ十二歳になるアメリカの女の子、クローディアは、「家出にいく」ことを決めました。優等生の自分も、毎日同じことの繰り返しも、弟はしないのにお姉さんだからといってお手伝いをしなければいけない、というような不公平な目にあうことも嫌になったからです。でも、家族がもう少し自分を認めてくれたら戻ってもいいと考えていたので、「帰ってくること」が前提の家出でした。頭のいいクローディアは、とても注意深く計画し、家出の相棒にはお小遣いをたくさんためている弟のジェイミーを選びました。

そして、一世一代の家出先に選んだのは、ニューヨークにあるメトロポリタン美術館でした。世界中の美しいものが展示されている、毎日何万人もの人が出入りする広い美術館を「ねぐら」に選ぶなんて、すごいアイディアだと思いませんか？

守衛さんをまんまとやりすごし、家を出るとき下着をつめてきた楽器ケースを展示室の壺の中に隠し、二人が寝る場所に選んだのは十六世紀の豪華なベッド（57頁）。そして、お風呂代わりにしたのは、（116〜117頁）レストランの真ん中にある大きな噴水でした！　何度か見つかるのではないかとハラハラさせられる場面もありますが、そこは二人の機転と協力で乗り切ります。

でもあるとき、うまく隠れていることより、家出のことより、もっと重大な問題ができたのです。

それは美術館に新しく展示されることになった一体の天使の像でした。この天使に心を奪われたクローディアは、ひょんなことからこの像の「秘密」を知ることになります。さあ、ここから謎解きが始まります。

最後に登場する「秘密」のカギをにぎる人物、フランクワイラー夫人との出会いで謎は一気に解決へと向かい、それは家出の終わりも意味するのですが、クローディアは終わりのない「秘密」も手に入れることになります。それは一体？　ぜひ読んでみてください。

実践報告——プログラムと子どもの反応

あな！　あな？　あな!?

小学三年生 対象　35分
小久保佑香（公共図書館勤務）

はじめに、「マメジカ カンチルが穴に落ちる話」（『**ながすね ふとはら がんりき**』）のストーリーテリングをします。次に、「穴に落ちるお話」から「穴のある道具」とつないで、『**メアリー・スミス**』を読み聞かせます。まず、表紙を見せて、「主人公のメアリー・スミスが持っているのは、穴のあいたゴムのチューブです」と、簡単に説明してから読み始めます。最後に「ノッカー・アップ」（めざまし屋）についての解説や写真を見せ、実在した人物であると説明すると、子どもたちは「本当にいたんだ」と驚いた様子でした。

　続いて、「体にある穴」として、『**はなのあなのはなし**』を紹介します。「鼻の穴は何のためにあるのでしょう?」と問いかけ、「息をする」「匂いをかぐ」といった発言を引き出しながら読んでいきます。それから、鼻をつまむと「なにぬねの」と「まみむめも」が発音しづらいことを紹介して、実際にやってもらうと、子どもたちはとてもおもしろがります。ストーリーテリングと絵本の読み聞かせが続いたので、ここで遊びの要素を入れ、飽きさせないように工夫しました。

　続いて紹介する『**大どろぼうホッツェンプロッツ**』が、このブックトークの中心です。ブックトークを組み立てる際には、ここからキーワードを挙げて（泥棒・とりかえっこ・知恵くらべ・帽子・箱など）、つなげられる本を考えました。このとき、最終的に使わなかった本やテーマも記録しておくと、別の学年向けや、異なるテーマのブックトーク

大社玲子絵　東京子ども図書館 編・刊

アンドレア・ユーレン 作　千葉茂樹 訳
光村教育図書

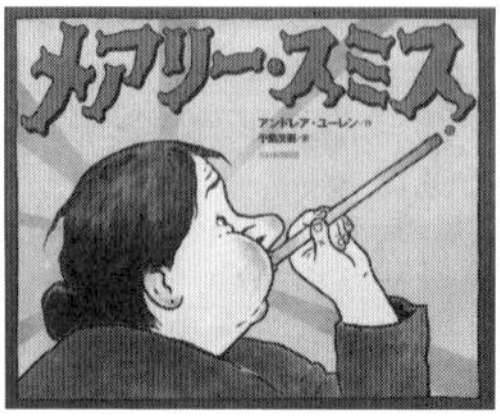

を作るときに役立ちます。今回は、大どろぼうをつかまえるための「穴を使うしかけ」を切り口にしました。白い砂を詰めた木箱に黄金が入っているように見せかけ、箱の底にあけた穴からこぼれる砂をたどって、大どろぼうの隠れ家をつきとめるという作戦を、朗読を交えながら説明します。大どろぼうが現れて、箱を盗む場面では、「はやく（穴から）マッチ棒ぬかないと！」と子どもたちの緊張感が高まります。大どろぼうが作戦に引っかかったかと思いきや、二人の企みに気づいて反撃に出るところまでを紹介すると、続きを読みたいという声が多くあがりました。

『まほうのわ』は、葉書に穴をあけて体をくぐらせる方法、一円玉の大きさの穴に、五百円玉を通す方法、メビウスの輪などを、実演しながら紹介しました。「すごい、なんで？」と、子どもたちは驚いていました。このとき、該当するページをしっかり見せたほうが、子どもたちは納得するようです。時間が余ったり、足りなくなる場合に備えて、時間調整できる本を入れたり、割愛や補足をする部分を決めておくとよいと思います。このプログラムでは、『まほうのわ』で時間を調整しました。

高学年には『小さなバイキングビッケ』（ヨンソン作　評論社）の「バイキング、罠にはまる」の落とし穴を、低学年には『なんでも見える鏡』（フィツォフスキ再話　福音館書店）の「アリの巣穴」などを紹介してもよいと思います。詩や言葉あそびの本を入れるなら、『それほんとう？』（松岡享子作　福音館書店）の「あ」もおもしろいと思います。

やぎゅうげんいちろう さく
福音館書店

オトフリート・プロイスラー 作
中村浩三 訳　F・J・トリップ 絵
偕成社

折井英治、折井雅子 作　藤嶋かおる 絵
大日本図書

見える？ 見えない？

小学三年生対象 20分

山口玲子（一冊の会）

テーマを意識してもらうために、『**視覚ミステリーえほん**』を最初に持ってきました。目の錯覚を利用した不思議な写真の中から特に「ただの木のかけらだと思っていたのに、本をさかさにすると、あらふしぎ！ 森の中の鹿が見えますか？」（34頁）というページを紹介すると、「見えた！」「見えない！」と大騒ぎになります。

「今、私は見えますか？ と聞きましたが、怖ろしいばけものが、見えるか？ 見えるか？ と聞く昔話があります」と、『**イギリスとアイルランドの昔話**』の「元気な仕立て屋」につなげます。殿様と賭けをした仕立て屋が、教会堂の床から抜け出してくるばけものに「おれが見えるか？」と脅かされながらもズボンを縫い続け、仕上げて、ばけものと手に汗にぎる追いかけっこになったところまでを話し、「さぁ、仕立て屋は無事お城についてごほうびをもらえたでしょうか？ それともつかまってしまったでしょうか？」と言うと、「えー、知りたい！」という声があがり、後で本を手に取ってくれました。

「あんまり小さくなってしまうと見えなくなることもありますね」と「スプーンおばさん」（『**小さなスプーンおばさん**』）が初めて小さくなった時の話をしてから、「ごていしゅ」であるおじさんのポケットに入ってお店に買い物に行った時の話へ。好奇心いっぱいのスプーンおばさんは、おじさんに、ダメだよと言われていたのに、新しいコーヒー茶碗を見たくてポケットから出てきて大変困ったことになります。子どもたちはおじさ

ウォルター・ウィック作 林田康一訳
あすなろ書房

石井桃子編・訳 J・D・バトン画
福音館書店

んと一緒にハラハラドキドキ。「でもおばさんは結局あのコーヒー茶碗を手に入れることができました。それもただで！　さぁそれはどうしてでしょう？」と言うと興味をひかれ、どんな時も元気にきりぬけるスプーンおばさんが好きになって、続編の『スプーンおばさんのぼうけん』『スプーンおばさんのゆかいな旅』も読んでくれました。

最後は、虫の擬態を紹介した『**森の小さなアーティスト**』です。「まるで忍者のように上手に見えなくなっている虫たちがいるのを知っていますか？」と、「カレハバッタ」や「ハナカマキリ」の擬態の写真を見せ、「どこに虫がいるかわかるかな？」と尋ねると、「いた、いた！」とまた大騒ぎになります。この本は、写真を見るだけでなく、文や、写真にそえられた説明を読むと何倍も楽しめるので、そのことを例をあげてよく伝えます。

上の学年でブックトークを行う場合は、虫の擬態の本は『自然のかくし絵――昆虫の保護色と擬態』（矢島稔作　偕成社）に差し替えます。巻末に虫たちが目の錯覚を利用して巧みに擬態をしていることがより詳しく説明されています。読み物では、まるで透明人間のようになって美術館で暮らした『クローディアの秘密』（カニグズバーグ作　岩波書店）はいかがでしょう？

アルフ・プリョイセン作　大塚勇三訳
ビョールン・ベルイ画
学習研究社

今森光彦文・写真　福音館書店

はなのはなし

小学三・四年生対象　30分

護得久えみ子（東京子ども図書館）

『長鼻くんといううなぎの話』と『あなたのはな』を紹介したいと思って、「鼻が出てくる本」を集めました。

まず、**『あなたのはな』**を数頁読みながら、鼻の役割を確認します。空気が鼻にはいると匂いがわかるのは、みんな知っていますが、「息を吐くときは匂いがわかる？　口から息を吸うときは？」と聞くと、試したくなるようです。また、鼻をつまむと味がわからないかを試す実験も説明します。絵本なので紹介は短めにと考えていましたが、三年生に一冊読み聞かせたところ、興味津々で食いついてきました。対象によって紹介のしかたを工夫できそうです。

『はなのあなのはなし』では、人間や動物の鼻の穴の形、鼻くそのできる仕組みなどを見せます。鼻の奥の構造も、わかりやすく図解されているので紹介します。鼻と口がつながっていることに「そうなんだ！」とびっくりする子も。そのあと、26頁の「はなのあなは　からだについているぽけっとじゃない。……いしや、まめや、けしごむや、えんぴつなどをいれたりしてはいけない」という個所を読み、「ところが、鼻にエンドウ豆を入れてしまった女の子がいます」と、**『おもしろ荘の子どもたち』**のリサベットの話につなげます。

リサベットが、鼻に豆を入れ、取れなくてこわくなるという場面を数行読み、お姉さんのマディケンと、お医者さんに行くことになったのですが……というところまで話し

ポール・シャワーズぶん
松田道郎やく
ポール・ガルドーンえ　福音館書店

やぎゅうげんいちろう さく
福音館書店

ます。このピンチに、一人の子が「わっ、こわい……」とつぶやいたときは、クラス中がリサベットに気持ちを添わせたように感じられました。表紙には、コウモリ傘を持ったマディケンが描かれているので、そのエピソードも紹介します。

「ここまでは、人間の鼻を見てきましたが、今度は動物の鼻です」と伝え、次の本の主人公「長鼻くん」がどんな動物か、当ててもらいます。「ゾウ！」と答えが返ってきますが、正解はウナギ。**『長鼻くんといううなぎの話』**の表紙を見せ、名前の由来（何にでも鼻をつっこむ性格）や、ウナギは鼻がきくことを話します。海や川を回遊するヨーロッパウナギの一生を辿る本なので、目でもルートを追えるように、舞台となる地中海やサルガッソ海付近の地図や、挿絵を拡大したものを見せつつ内容を説明します。道中、長鼻くんが水道管にはいり、人間の家の蛇口からとびだしたところを読むと、「ほんとの話⁉」と声が上がりました。

最後は、人間の一億倍も鋭い嗅覚を持つ犬が、鼻を使って活躍する写真絵本**『地雷のない世界へ』**です。地雷が何のために使われるのかを説明した後、本の中の写真を見せながら、被害を受ける人々が今もいると伝え、地雷をなくすために働く犬の訓練と仕事を追っていきます。冒頭の、腕を失った男の子の写真に、どの子もはっとするようで、真剣な表情で聞いてくれます。後日、この本を探しに児童室に来た四年生もいました。

高学年向きには、『ゾウの鼻が長いわけ――キプリングのなぜなぜ話』（キプリング作　岩波書店）や、並外れた嗅覚をもつ「スリクシェばあさん」（『黒いお姫さま――ドイツの昔話』ブッシュ採話　福音館書店）なども組み合わせられると思います。

アストリッド・リンドグレーン作　石井登志子訳　イロン・ヴィークランド さし絵　岩波書店

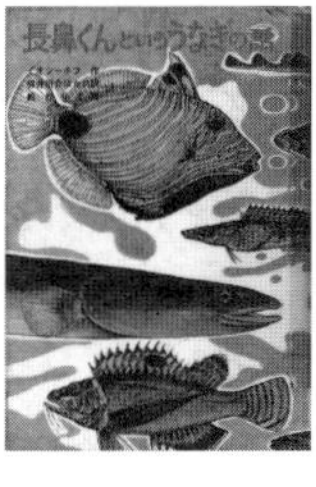

コンスタンチン・V・イオシーホフ作　福井研介ほか訳　松井孝爾絵　講談社

大塚敦子写真・文　講談社

町を歩いてまわったら？

小学三・四年生対象　15分
護得久えみ子（東京子ども図書館）

夏に、ミニブックトークをする機会がありました。子どもの頃の夏休み、学習雑誌に載っていた「ご近所探検」をやって楽しかったことを思い出したので、町にでかけたくなるブックトークを作りたいと思って考えました。

『ふしぎなまちのかおさがし』は、マンホールや、建物の壁、木や花など、だれでも町で見たことがありそうなものにある、「顔」に見えるところを集めた写真絵本です。「まちのかお」とは何かを説明しながら、いくつか写真を紹介します。

『町のけんきゅう』では、女の子が、お父さん、お母さんと町の商店街の中を歩いています。三人は、それぞれ、テーマを決めて、商店街にあるものを記録していきます。たとえば、女の子が気になったのは、「カレーライスとカレーをつかった食べもの」。いろいろなカレーの盛り付け方や値段が一覧になっている頁を見せながら、どんなものが載っているか、例を挙げます。ほかにも、おばあさんのはきものの種類の調査、「かわった植木ばち」けんきゅうなど、ユニークな研究がいろいろあるので、少し紹介します。絵が小さく、遠目がきかないので、詳しくは、あとで手に取って読んでねと伝えます。著者の岡本信也さん、岡本靖子さんは、現在の人々の暮らしを観察して記録する、「考現学」の研究者。記録のとり方や観察のポイントも載っているので、その部分も紹介します。

次は、まだ夜も明けきらない時間に、町を歩いている人の話。いまから八十年くらい

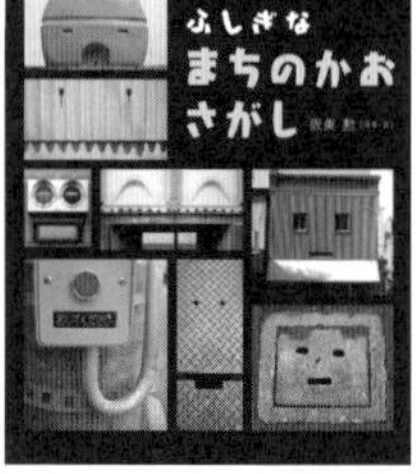

阪東勲写真・文　岩崎書店

岡本信也、岡本靖子文・絵
伊藤秀男絵　福音館書店

前のイギリスで、毎朝、町を歩いて仕事をしていた『**メアリー・スミス**』です。冒頭、四見開きを読み聞かせ、この一風変わった〝めざまし屋〟の仕事を紹介します。裏表紙に、仕事中のメアリー・スミスの写真が載っているので、それを見せながら、本当にいた人であることも紹介します。

おしまいは、ある町を、時を超えて旅する『**絵で見るある町の歴史**』。同じ場所での、一万二千年前から現代までの、十四の時代の暮らしぶりが描かれている本です。いくつかの時代を取り上げて、どの時代で、人々がどんな暮らしをしていたかを簡単に紹介します。タイムトラベラーが、どの時代にも描きこまれていること、頁の枠の部分にも、絵探しクイズが載っていることも話します。

今回紹介しているのは、絵本ばかりなので、もう少し読み物を入れたいと考えています。町の通りを二本足で歩く犬が主人公の『すばらしいフェルディナンド』（ケルン作　岩波書店）や、いつも、町の同じところにいる『町かどのジム』（ファージョン作　童話館出版）、高学年向きには、絵本を減らして、町の通りを駆け回って病気蔓延の謎をとく『ブロード街の12日間』（ホプキンソン著　あすなろ書房）や、ご近所でできる『ノラネコの研究』（伊澤雅子文　福音館書店）などを組合せてみたいと思います。

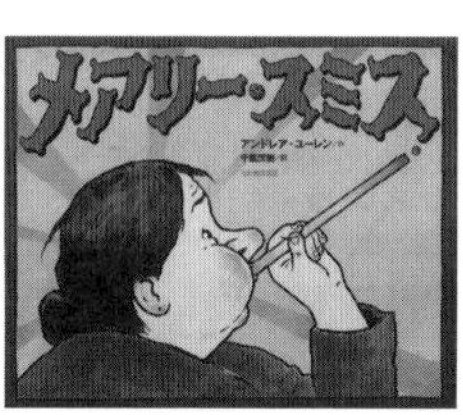

アンドレア・ユーレン作　千葉茂樹訳
光村教育図書

アン・ミラード文　松沢あさか、高岡メルヘンの会訳
スティーブ・ヌーン絵
さ・え・ら書房

あつめてみよう！　あんなもの、こんなもの！

小学四年生対象　20分

柳澤友穂（横浜市中央図書館）

取り上げる本が予想しにくそうなテーマを選びたいと思い、テーマを〈あつめてみよう〉にしました。主人公が何かを集める本や、何かのコレクションを紹介した本など、「あつめる」をキーワードにいろいろな本を探しました。

冒頭では、「今までに何かを集めたことってある？」と聞きながら、今日のテーマを紹介します。そして、最初に紹介する『**土のコレクション**』では、「まず、最初に集めたのはこれです」と言いながら、土の小さな山が並んだページを見せて、何の写真なのか当ててもらいます。そして、全国各地、集める場所によって土の色が違うことや土がどのようにしてできるのか、土のコレクションの作り方を、写真をじっくり見てもらいながら、紹介します。ピンクや水色など、土地によって変化を見せる土の色に、子どもたちは驚いていました。コレクションの作り方の紹介では、「おもしろそう」「やってみたい」と言う子どもたちもいました。

「次に紹介する主人公が集めているのは、土よりももう少し大きい〝石〟です」とつないで次の本『**ロバのシルベスターとまほうの小石**』を途中まで紹介します。お話の鍵となる〝まほうの赤い小石〟が小さいので、指で示しながら、わかるようにします。ライオンに見つかりそうになり、シルベスターが岩に変身する場面では、絵を紙で隠し、岩に変身したときに、隠していた紙を取るようにしました。

栗田宏一 著　フレーベル館

ウィリアム・スタイグ さく
せたていじ やく
評論社

「シルベスターはロバでしたが、次の本は、ロバだけではなくて世界中のかわった動物を集めています」とつないで、**『どうぶつなんでも世界一』**を紹介します。まず世界で一番大きな動物・小さな動物を紹介し、その後に、クイズ形式で問題を出して選択肢の中から当ててもらいます。「この大きな目をもつ動物は何でしょう?」(58頁)、「世界で一番ゆっくり動く動物は何でしょう?」(86頁)と問題を出し、答えを言うときには挿絵が良く見えるようにします。

集めるつもりがなかったのに、ある生き物が集まってしまった話として、**『がんばれヘンリーくん』**から、飼いはじめたグッピーがどんどん増えていくエピソードを紹介します。ペットショップで買ったグッピーのはちには、実は小さな赤ちゃんが何匹もいて、成長するグッピーを世話するために、地下室からせっせとビンをもってくるヘンリー。「そしていつの間にか、グッピーは何百匹にもなって、ヘンリーの部屋は、グッピーのビンで、こんなふうになってしまいました」とグッピーのビンでいっぱいになったヘンリーの部屋の場面を読み、挿絵(59頁)を見せると、子どもたちからはどっと笑い声がおきました。

その他には、『クモの巣図鑑』(新海 明著　偕成社)や、『魔女がいっぱい』(ダール作　評論社)を紹介してもよいと思います。

アネット・ティゾン、タラス・テイラー
[著]　佐藤見果夢やく
評論社

ベバリイ・クリアリー作
松岡享子訳　ルイス・ダーリング絵
学研教育出版

こんにちは　おてがみです

小学四年生対象　40分

髙橋史子（横浜雙葉小学校）

毎年二月、二年生が生活科の授業で郵便局を開設し、毎日、全校児童の書いた手紙が何百と飛び交います。子どもたちが〝お手紙〟に敏感になる時期にあわせて行いました。

まず、**『子どもに語るイギリスの昔話』**より「魚と指輪」を語りました。ある男爵が、将来息子が結婚するだろうと予言された娘を、身分の低さゆえ亡き者にしようと画策します。そのために使った手段の一つが「手紙」です。しかし、どんな手を使っても運命にあらがうことはできません。このお話の不思議さとおもしろさが子どもたちをひきつけます。

続いて、**『長い長いお医者さんの話』**から「郵便屋さんの話」を紹介。夜中の郵便局に現われる小人たちが、人間の手紙でカードゲームをしている、しかも、小人たちにはその手紙の内容が見えるのです、というと、みな興味津々。カード（手紙）の等級の部分を読むと、自分の書いた手紙を思い出すのでしょうか、一様にくすぐったそうな顔をします。

次に、**『てがみはすてきなおくりもの』**を紹介します。浜辺で食べたホタテの貝がらでも、透明のクリアファイルでも、切手を貼ればはがきの代わりになると知って大喜びです。「葉っぱに書く」と書いて「葉書」。「一葉」という数え方にもふれ、4頁の切手の貼られた葉っぱを見せるとまたまた感嘆の声があがります。続けて、**『おとしぶみ――ゆりかごをつくるちいさなむし』**を紹介します。雑木林に落ちている、くるくると

松岡享子編・訳　こぐま社

カレル・チャペック作　中野好夫訳
ヨセフ・チャペックさし絵　岩波書店

スギヤマカナヨ著　講談社

巻かれた手紙のような葉っぱ。実はこれはたまごが育つためのゆりかごなのです。虫が葉っぱを丸める過程が丁寧に描かれており、その部分は絵を追いながら読んであげます。「見つけてみたい！」とわくわくするようです。「一葉」という数え方や、「おとしぶみ」という名付けの妙から、古来より受け継がれてきた日本人の豊かな感性にもふれてほしいと思っています。

ここで、ひと休みして、『**ちちんぷいぷい**』から「転居通知」という詩を読みます。空から舞い落ちた六角の結晶が、雪だるまの頬に無事落ち着いた、とお知らせする、短い詩です。ちょうど季節は冬、雪が降ることも多いので、ここで『**雪の結晶ノート**』を紹介します。雪が空から舞い落ちるとき空気中の水蒸気がくっついていろいろな形ができあがること、だから結晶を見るとどんな空気の中を通ってきたか分かること、また雪の結晶の研究者・中谷宇吉郎さんの「雪は天から送られた手紙である」という言葉を紹介し、美しい結晶の写真を見せます。

『おたよりください』（スンド作　大日本図書）も図書館に所蔵していれば、ぜひ取り上げたい一冊です。低学年には、『ワニのライルとなぞの手紙』（ウェーバー さく　大日本図書）を読んでから、『てがみはすてきなおくりもの』を紹介しました。

岡島秀治ぶん　吉谷昭憲え
福音館書店

川崎洋、木坂涼編　杉田比呂美画
岩崎書店

マーク・カッシーノ、ジョン・ネルソン
作　千葉茂樹訳　あすなろ書房

時間ってふしぎ

小学四・五年生対象　30分
小林いづみ（東京子ども図書館 評議員）

時間の流れの中で、万物は変化していますが、果たして変わらないものって存在するのでしょうか？　動物や自然に流れる時間は、私たちと同じなのでしょうか？　いつもふしぎに思う、時間のあれこれを本でたどってみました。

あっという間に過ぎていく時間、なかなかたたない時間……。時間ってふしぎ。でも、実際は一秒の長さも一分の長さもいつも同じ。では、一秒間でできることって何だろう？という問いかけから、『**しゃっくり1かい1びょうかん**』をところどころ読みます。

最後の「1ねん、また1ねんと、じかんがすぎて、……きみはずんずんそだっていく。」という文章から、「時の流れとともに、みなさんはどんどん成長して、おとなになっていきますが、おとなになりたくないって思った女の子がいます」と、『**ピッピ南の島へ**』。

まず、世界一強い女の子ピッピをいくつかのエピソードで紹介してから、本の最後の、ピッピたちが、「おとなになりたくない人に、すてきによくきく丸薬」を飲む場面を紹介します。子どもたちは興味しんしん。「丸薬」ということばが、わかりにくいので、黄色い紙をえんどう豆大に丸めたものを用意して見せます。ピッピの他の本、『長くつ下のピッピ』と『ピッピ船にのる』も紹介します。

「みなさんもおとなになりたくないって思うことがあるかもしれません。でも、もし、時間がとまって、ずっと今のまま、十一歳のままだったらどうしますか？」とつないで、『**時をさまようタック**』に。ふしぎな泉の水を飲んだために、永遠の生命を得たタック

ヘイゼル・ハッチンスさく　はいじまかりやく　ケイディ・マクドナルド・デントンえ　福音館書店

アストリッド・リンドグレーン作　大塚勇三訳　桜井誠さし絵　岩波書店

ナタリー・バビット作　小野和子訳　評論社

の家族。年をとらない、死なないというのは、すばらしいことのように思えますが、果たしてほんとうにそうなのでしょうか？　タックが、時の流れや、変化から取り残された自分たちについて、ウィニーに話して聞かせる部分を読みます。少しむずかしいかもしれませんが、子どもたちは、しーんとなって聞き入ります。ウィニーがタックたちを助けようとして、思いがけない行動に出ること、そして物語の最後は、七十年後……とだけ言って終わると、息をのんで聞いていた子どもたちから「どうなるの？」と声があがります。

次に、今度は動物の時間について書いた本、ということで『**絵ときゾウの時間とネズミの時間**』。ゾウとネズミに流れる時間について書かれた後半部分を紹介します。どんな動物も、心臓が十五億回打ったら死ぬ、というくだりが、ことに印象に残るようです。

今度は、地球上の大自然に流れる時間、『**アラスカたんけん記**』。遠い昔に降った雪が氷河となり、それが、いつかはまた海に帰っていく。気の遠くなるような長い時間の流れについて話しながら、ところどころ写真を見せます。

一秒も一分も、長さは同じはずなのに、いろいろな時間の流れがあり、時間ってふしぎ。でも、時間が流れても、人間の心は変わりません。それを教えてくれる五千年前の物語、『**ギルガメシュ王ものがたり**』を最後に紹介します。

本川達雄文　あべ弘士絵　福音館書店

星野道夫文・写真　福音館書店

ルドミラ・ゼーマン文・絵
松野正子訳　岩波書店

悪口書いた！　スッキリ！　ドッキリ！

小学五年生対象　20分

内田ふみ子（一冊の会）

友だちやおとなへの不満を持つ年頃の子どもたちに、「悪口」をテーマにした本を紹介しようと思い、悪口を書いたことによって、思いもよらぬ経験をする羽目になった子どもが登場する本を選びました。

タイトルを一行で書き、それを三つ折りにしました。「今日のブックトークのタイトルは」と言いながら、折った紙を順番に広げていくと、歓声が沸き上がりました。

「悪口を書くとしたら、どこに書く?」と問いかけ、「日記に書く人、いるんじゃない?」と言いながら**『ペニーの日記読んじゃだめ』**の表紙の絵を見せました。そして「これが、この日記を書いたペニー・ポラードです。十歳の女の子」と言うと、子どもたちは、男の子だと思ったと驚いていました。年寄りのことが嫌いなペニーが、子どものことが嫌いなベタニーさんという老婦人に出会い、意気投合していく様子が日記風に書かれているこの本には、挿絵や写真がたくさん載っています。それらのいくつかを見せながら紹介していくと、普段、あまり本を手に取らない子どもたちも、まるで自分の身に起こった出来事のように感じ、読んでみようという気になったようでした。「今度ペニーが悪口を書いたのは、日記ではなくて手紙」とつなぎ、続編の『ペニーの手紙「みんな元気?」』も紹介しました。

「友だちの悪口を、ある場所に、大きくガキガキと書いた男の子がいます。そこは、たくさんの人に見られてしまう場所でした。どこでしょう?」と問いかけ、「カバのうど

ロビン・クライン著　安藤紀子訳
アン・ジェイムズ画
偕成社

まど・みちお著　大日本図書

んこ」の詩を朗読しました。朗読後、子どもたちの大笑いがおさまったところで、「これは、皆さんよくご存知のまど・みちおさんの詩です。『てんぷらぴりぴり』という詩集にのっています」と言うと、「なんのてんぷら？　辛いの？」と聞く子がいました。「〈こんどうのバカ〉ではなく、〈カイウスはばかだ〉と書いて、恐ろしい事件に巻き込まれてしまった子がいます」とつなぎ、**『カイウスはばかだ』**の紹介にうつりました。大事件の発端になる、神殿に書かれた落書きが見つかるところまでは、適宜、挿絵を見せながら紹介しました。いつの間にか、子どもたちは、すっかりクサントス学校の生徒になりきっていて、次に何が起こるのかと固唾をのんで聞いていました。そして、「誰もが、犯人はルーフスに間違いないと思っているけれど、クラスメートや先生は、ルーフスの無実を証明するために、真犯人探しに立ちあがったのです！」と言った途端、待ちきれずに、本を手に取ろうと立ちあがった子が何人もいました。

『カイウスはばかだ』には、今の子どもたちにはなじみのないローマ時代の文房具や衣服が出てきます。知のビジュアル百科の『古代ローマ入門』（ジェイムズ著　あすなろ書房）や『衣服の歴史図鑑』（ローランド＝ワーン著　あすなろ書房）でそれらを見せるのも一案だと思います。

ヘンリー・ウィンターフェルト作
関楠生訳
シャルロッテ・クライネルト さし絵
岩波書店

細くてもたよりになります　~糸~

小学五年生対象　35分
佐藤ひろみ（みどり文庫）

『**あかてぬぐいのおくさんと7にんのなかま**』の絵本を途中まで読み、裁縫道具を紹介します。今日はこの道具たちの中から「糸」を選んでブックトークをします、と始めます。

みなさんは針に糸を通すことは得意ですか？　では、穴が中でくねくねと折れ曲がっている玉に糸を通すにはどうしたらいいでしょうか？

答えはこのお話の中にあります、と『**子どもに語る日本の昔話2**』から「うば捨て山」を語ります。玉に糸を通す場面では、なるほど、とうなずいている子が何人かいました。

中がどんなに入り組んでいても、糸の端を引っ張れば糸はもとの穴から出てきます、迷路に入り込んだときも、糸を持っていれば迷うことなく戻ることができます、糸のおかげで命が助かった若者がおりました、と『**ギリシア神話**』につなげます。「テーセウス」の中のミノタウロスたいじの一部を読み聞かせ、糸にまつわる話をもう一つ、と「アラクネ」を紹介します。女神の怒りに触れたアラクネは小さな生き物に姿を変えられてしまいますが、さて、何に変えられてしまったのでしょうか？　と質問を投げると、「アリ」とか「ゴキブリ」とか声が上がりましたが、アラクネは糸をつむいだり、織ることが得意だったんですよ、とヒントを出すと「クモ！」とようやく正解が出ました。

アラクネの子孫はここにもいます、と『**シャーロットのおくりもの**』の表紙に描かれているクモのシャーロットを指さします。大きくなったブタのウィルバーが、人間に殺

イヨンギョンぶん・え
かみやにじやく　福音館書店

稲田和子、筒井悦子著　こぐま社

石井桃子編・訳　富山妙子画
のら書店

されてハムやベーコンにされてしまうことを知り「死にたくない」と叫ぶ場面を読むと、真剣な表情で聞き入っていました。ちっぽけなクモのシャーロットがどうやってウィルバーを助けることができたのか、シャーロットが起こした奇跡とは何だったのか、子どもたちは興味津々ですが、答えを明かさないまま次の本へ。

クモが網を張る様子を見てみましょう、と『**網をはるクモ観察事典**』を紹介。「いやー、きらーい！」と顔をそむける子もいましたが、クモは場所や用途に応じて性質の異なる糸を使っていることを説明すると、「へえー！」と感心していました。

そんなクモの糸を道具として使っている人たちがいます、と『**豆つぶほどの小さないぬ**』へと進みます。クモの糸をロープやものさしとして、時には情報伝達の手段として使っていた場面を拾い上げながら、マメイヌの謎を追いかけます。シリーズ2巻目なので、登場人物を図にかいて簡単に説明しました。

コロボックルたちはクモの糸を使いやすく加工していました、私たちの身の回りにある糸はどうでしょうか、と『**糸あそび布あそび**』へ。『ギリシア神話』の中で、女神がアラクネの額を打ったときに使った「ひ（杼）」とはこういう道具です、とここで見せてあげると納得がいった様子でした。

四年生でしたら、『ゆかいなホーマーくん』（マックロスキー文・絵　岩波書店）から「い・と・ふしぎな物語」を取り上げても楽しいと思います。

E・B・ホワイト作　さくまゆみこ訳
ガース・ウイリアムズ絵
あすなろ書房

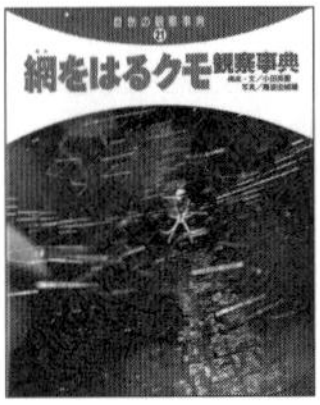

小田英智 構成・文　難波由城雄 写真
偕成社

佐藤さとる作　村上勉絵　講談社

田村寿美恵文　平野恵理子絵
福音館書店

これ知ってる？
――めずらしい道具あれこれ――

小学五・六年生対象　35分

清水千秋（東京子ども図書館）

大好きな『地下の洞穴の冒険』を手に取ってもらうには、どのようなテーマにすれば面白いかと頭をひねり、思いついたのが「道具」でした。私たちの周囲はたくさんの道具で溢れていますが、中でも普段、目にしない珍しい道具が出てくる本を紹介しますと始めます。

まずは、ビジュアル中心の**『スパイ事典』**。「盗聴ペン」「スパイ・リング」等の写真を見せつつ説明します。スパイが実在していた事実に、子どもたちは驚くようです。

そこまでスリリングではないが、昔ながらの道具があるとつなげ、**『地下の洞穴の冒険』**表紙のカンテラを指します。使い方を説明した後、この古めかしい道具が、生死を分けるような大切な役割を果たすと続けると、子どもたちの集中力が高まるのが分かります。冒険のきっかけと、登場人物五人を紹介し、いよいよ洞穴へ出発です。

耳だけで聞くと位置関係等が分かり難いので、自然と身振り手振りを交えての説明になります。挿絵を見せたり、会話を引用したりする他、深い竪穴を描写する個所（80頁）は数行を朗読。その竪穴に主人公たち二人が下りたところで、上に残ったメンバーがロープを落としてしまい、登場人物たちは上下に分かれたまま、出口を見つけねばならなくなったこと、さらに、高価な電気灯を壊してしまったことで、上の三人にはカンテラだけが唯一の明かりになったことを話します。絶体絶命の中、無事に脱出できるのか？

リチャード・プラット著　川成洋訳
ジェフ・ダン、スティーヴ・ゴートン写真　あすなろ書房

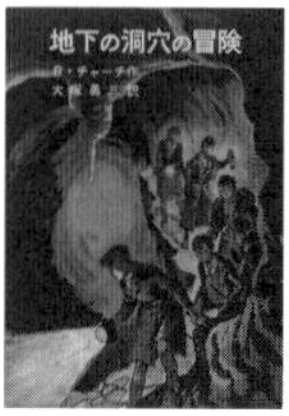

リチャード・チャーチ作　大塚勇三訳
ジョフリー・ウィッタムさし絵
岩波書店

土橋とし子著　佼成出版社

と締め括り、字が小さく感じるかもしれないけれど、見返しの地図が役立つと伝え、続編（『地下の洞穴の冒険／ふたたび洞穴へ』）も見せます。

次は、息抜きを兼ねて、大阪弁の文章も愉快な絵本**『おちゃのじかん』**です。私が友人宅でサモワールを見たとき何の道具か分からなかったが、この本で知ることができたとつなげ、アルゼンチンのマテ茶やモロッコのミントティーを紹介します。

続けて、日本で使われていた道具の中には、今では見なくなったものもあると話し、**『昔のくらしの道具事典』**から、「氷冷蔵庫」「手洗器」等が何に使うものかを当ててもらいます。

最後は、既にあった道具でなく、新しい道具を発明した人がいると伝え、**『アリになったカメラマン』**の紹介です。特別なカメラで撮影されたカマキリやトノサマバッタの写真は、まるで虫の目で見たような世界を映しているので、強く印象に残るようでした。

おまけに、魔法の鍋や棒が出てくる韓国の昔話、「まぬけなトッケビ」（**『おはなしのろうそく30』**）を語ります。終了後の教室から、お話に繰り返し登場する「アムゲヤ！アムゲヤ！」というかけ声や、手を二回パンパンと叩く音が聞こえることもあります。

このブックトーク後に、「いつも表紙の絵で読む本を選んでいたけど、絵が好きじゃなくても、本は面白いんだなあと思った」と嬉しい感想を寄せてくれた五年生もいました。

『地下の洞穴の冒険』の次に、『地球のてっぺんに立つ！エベレスト』（ジェンキンズ作　評論社）を加え、四十分で行うこともあります。

小林克、神野善治監修
岩崎書店

栗林慧写真・文　講談社

大社玲子さしえ
東京子ども図書館編・刊

生まれているけど生まれてない　生まれてないけど生まれてる

小学五・六年生対象　35分

杉山きく子（東京子ども図書館 理事）

長く入手不可だった『大きなたまご』が復刊したのを機に、本書を中心にブックトークを作ってみました。テーマは〈たまご〉。鳥、虫などたまごから生まれる生き物、食べ物としてのたまご、たまご形をしているものなどいろいろ探しました。高学年になると男子の方が読書に親しむことが少ないように感じたので、意識して男の子が興味を持ちそうな本を選んでみました。

冒頭でテーマを「生まれているけど生まれてない　生まれてないけど生まれてる」となぞなぞで出したら、すぐに正解を当てた男の子がいて、クラス中がびっくりしました。ブックトークの中心となる**『大きなたまご』**は、ネイトの家で、メンドリが大きなたまごを生んでから、恐竜がかえり、大量の草を食べて、ぐんぐん大きくなるまでを、じっくり紹介します。恐竜の挿絵を見てすぐに「トリケラトプスだ」「草食だから草を食べる」と言う男の子たちもいました。ネイトが恐竜を散歩させている絵（166頁）を最後に見せて、面白さをアピールしました。「たまごから恐竜がかえるなら、馬がかえってもふしぎはありません」と次の本へとつないで、**『たまごからうま』**を読み聞かせます。

続いてたまごはかえすより、食べる方が一番と呼びかけて、**『ジャングルの少年』**を紹介します。アマゾン川を航行していた船が難破。救命ボートで上陸した乗客たちが途方に暮れていると、ひとりのインディオの少年が現れ、救いの手を差し伸べてくれまし

オリバー・バターワース作　松岡享子訳　ルイス・ダーリング挿絵　岩波書店

酒井公子再話　織茂恭子絵　偕成社

た。少年は川辺の足跡を読み取って、見事カメのたまごを掘り当てます。挿絵を見せながらインディオの様々な知恵を紹介し、最後はジャングルを一斉に行進してあらゆる生き物を食べ尽くす軍隊アリの大群の話をしました。軍隊アリがこの教室を通ったらみんなの白骨だけが残ると言うと、教室がざわつきました。

物語の後はノンフィクション。同じたまごでもこれは**『石の卵』**と、表題紙の写真を見せて、中身を予想してもらいます。頁をめくると、美しい結晶が現れるので、子どもたちは本当にこんな石があるの？　と驚きます。「石の卵」が海や山でどのようにできたかは読んでみてくださいと本へとつなぎます。

最後は**『子どもに語るアラビアンナイト』**から「船乗りシンドバードの冒険――ダイヤモンドの谷」のストーリーテリングをします。世界一大きいロック鳥のたまごが登場します。

終了後、狙い通り男の子たちが次々と本に手を出してくれました。

四年生には『ジャングルの少年』を『ラモーナ、八歳になる』（クリアリー作　学研教育出版）に替えてみました。ラモーナのクラスでお弁当にゆでたまごを持って行くのが流行ったエピソードを紹介します。お母さんが間違えて生たまごを入れてしまった場面を読むと、子どもたちは目の前で、ラモーナがたまごだらけになったように息をのみました。『チム・ラビットのぼうけん』（アトリー作　童心社）の「なぞなぞかけた」を取り上げても良いと思います。

チボール・セケリ作　高杉一郎訳
松岡達英画　福音館書店

山田英春文・写真　福音館書店

西尾哲夫訳・再話　茨木啓子再話
こぐま社

ぜんぶ馬の話

小学六年生対象　30分
井坪朋実（株式会社ヴィアックス）

はじめに、今日のテーマは「ぜんぶ馬の話」であることを伝えます。「えっ、なんで馬」という顔をしますので、『ビジュアル年表で読む西洋絵画』（チルヴァース監修　日経ナショナルジオグラフィック社）からフランスのラスコー洞窟画をみせ、馬は古代から人間と深くかかわってきた動物で、馬が出てくるお話は実はたくさんあるので紹介します、と始めます。

今日私はみなさんにおすすめする本を運びましたが、実は本を運んだ馬もいるのですと、**『お話を運んだ馬』**から「お話の名手ナフタリと愛馬スウスの物語」を紹介します。お話好きのナフタリの姿は作者シンガーに重なるということや、他の短編「おとなになっていくこと」には、シンガーが作家になろうと決心したときや、恋をしていると気がついたときのことが書かれていると話すと、「恋」の言葉に反応している子がいました。

次は、グランド・ナショナルというイギリス競馬の花形レースを目指した少女と馬が登場しますと、**『駆けぬけて、テッサ!』**を紹介します。家庭生活の崩壊により自暴自棄になっていたテッサが、一頭の馬と運命的な出会いをし、騎手になろうと決意する場面を読むと、真剣な顔をして聞いていました。その後騎手になったテッサは義理の父親を刺すという大きな事件を起こすけれども再び立ち上がることを伝え、少し厚めだけれども読み始めたら息もつけないので、テッサとともに駆けぬけてほしいとしめくくります。

I・B・シンガー作　工藤幸雄訳
マーゴット・ツェマックさし絵
岩波書店

K・M・ペイトン作　山内智恵子訳
徳間書店

島崎保久原作　関屋敏隆版画・文
小学館

日本縦断の旅をした馬もいますと、**『馬のゴン太旅日記』**につなぎます。ひと息つけるように、絵をじっくり見せながら紹介します。見返しにある旅の地図を見せて、北海道から鹿児島まで馬でどのくらいかかったでしょう？　と聞くと、だいたいは「三ヵ月」「百日！」など正解に近い答えにたどりつきました。（正解は百十二日）

島崎さんとゴン太のコンビもいい味を出しているけれど、モンゴルの昔話に強いきずなで結ばれた少年と馬のお話がありますと、**『スーホの白い馬』**につなぎます。競馬へ向かうまでは絵を見せながら説明し、競馬の場面は読み聞かせます。**『子どもに語るモンゴルの昔話』**にも、スーホの物語と少し異なる馬頭琴にまつわるお話や、その他馬がでてくるお話があると言って紹介します。馬が描いてある表紙もじっくり見てもらいました。

イギリスから海を越えてモンゴルまで旅をした馬もいますと、**『タチ――はるかなるモンゴルをめざして』**を紹介します。タチがどのようにモンゴルに向かったか足跡を追えるように、大きめの世界地図でたどりながら説明します。必死なタチの様子に子どもたちはひきこまれるように聞いてくれました。手紙のやりとりで書かれているので、はじめは読みにくいと感じるかもしれないことも伝えます。

最後に、登場した馬たちを振り返って、ブックトークをしめくくります。

大塚勇三 再話　赤羽末吉 画
福音館書店

蓮見治雄 訳・再話　平田美恵子 再話
こぐま社

ジェイムズ・オールドリッジ 作
中村妙子 訳　評論社

数に注目!!

中学二・三年生対象　40分

清水千秋（東京子ども図書館）

中学生にブックトークをする機会があり、それならば、ぜひ、『闘牛の影』を薦めてみたいと考え、この本を中心にプログラムを組み立てました。テーマが重くなりすぎないようにするには、どうしたらよいだろうかと悩んだ挙句、「数」に焦点を当てることにしました。

冒頭、「十二人兄弟」（『**子どもに語るグリムの昔話2**』）を語ると、教室がしんと静かになったのを覚えています。

十二に続く数字は一。『**闘牛の影**』は、闘牛という競技から逃れられない運命のもとに生まれた、ひとりっ子の少年・マノロが主人公ですと始め、闘牛の写真を見せ、命がけの競技であること、近年では中止する地域もあるが、スペインの伝統文化のひとつで国技となっていると説明します。そして、マノロの亡き父は郷土の英雄でもある大闘牛士だったことを話した後、もうじき十二歳になるマノロの苦悩が綴られる冒頭の数行を朗読します。マノロが周囲の期待に押し潰されそうになりながら、悩み、もがく姿を伝えていき、闘牛士デビューの日、マノロがとった行動とはどんなものだったのでしょうか？　自分で読んで、マノロが自分の力で下した決断を知ってくださいと終わります。

続いて、世界七大陸最高峰を、当時の最年少記録で登頂した写真家・石川直樹さんの『**いま生きているという冒険**』。面白い生き方をしている人を、中学生に知ってもらいたくて選びました。中学二年生の冬、高知への初めての一人旅や高校二年生のインド旅

ヤーコプ・グリム、ヴィルヘルム・グリム［著］佐々梨代子、野村泫訳　こぐま社

マヤ・ヴォイチェホフスカ作　渡辺茂男訳　アルヴィン・スミスさし絵　岩波書店

石川直樹著　100% ORANGE 挿画　イースト・プレス／新曜社

行、その後の世界を舞台にした冒険の数々を辿ります。そして、「心を揺さぶる何かに向かい合っているか、ということがもっとも大切なことだとぼくは思います。」という言葉を引用して締め括り、写真集『Pole to Pole』（石川直樹著　中央公論新社）、写真絵本『富士山にのぼる』（石川直樹写真・作　教育画劇）もごく簡単に紹介します。

次の本は、結晶を作る水の分子の配列が六角形であることから『**雪の結晶ノート**』です。こちらは、雪の結晶がどのようにできるのかを、美しい写真と共に見せていきます。

軽めの本の後は「Jr.日本の歴史」シリーズより、七巻目の第五福竜丸事件が載っている『**国際社会と日本**』を取り上げます。まずは世界地図を見せ、マーシャル諸島の位置を示してから、豊かな漁場であった地域で、米国が開発した核兵器の一種〝水素爆弾〟の実験が行われたことを説明。このシリーズは、教科書のように見えるかもしれないが、実際は長い物語を読むように楽しめるはずだと伝えます。関連書として、『ここが家だ』（ビナード構成・文　シャーン絵　集英社）の表紙も見せます。

息抜きに、宗達、光琳、抱一、三人の生涯をビジュアルに辿る大型本『**琳派をめぐる三つの旅**』。「風神雷神図」等の絵からは、画家の個性や迫力を感じ取ってもらえるでしょう。

最後は、一気に数が増して、十万という数ですとつなげ、絵本『**十万本の矢**』を紹介します。同シリーズの二冊『七たび孟獲をとらえる』『空城の計』の他、岩波少年文庫版『三国志』（羅貫中作　岩波書店）の表紙も見せて終わります。

マーク・カッシーノ、ジョン・ネルソン作　千葉茂樹訳　あすなろ書房

大門正克著　小学館

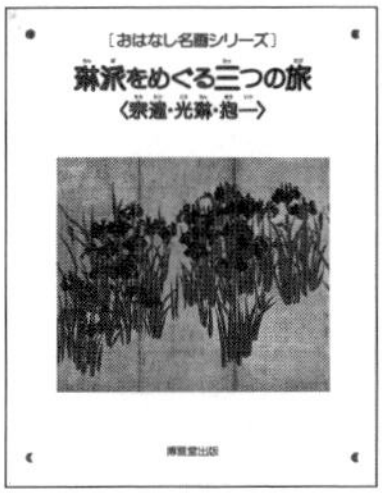

泉谷淑夫文　神林恒道監修　博雅堂出版

唐亜明文　于大武絵　岩波書店

悪魔——その正体は？

中学・高校生対象　40分
張替惠子（東京子ども図書館 理事長）

もし学校から「戦争」というテーマでブックトークを依頼されたら、という仮の想定で作ったプログラムです。ただ戦争はこんなに悲惨ですというようなありきたりの流れにはしたくない、という思いから、人間の暗部を象徴する悪魔というキャラクターを登場させ、その具現である戦争へとつなげてみました。

まずは、**『子どもに語るグリムの昔話1』**から「熊の皮を着た男」を語ります。十八分ほどの長めのお話ですが、悪魔が兵隊に取引をもちかけるあたりから、ちょっと斜に構えた男子まで惹きこまれてきます。そして、結末のひとひねり。自殺をした姉娘たちの魂が悪魔の手中に落ちるのは、キリスト教の影響であることから聖書につなげ、エデンの園でアダムとイヴに囁く蛇や、学者ファウストの前に現れる悪魔（**『地獄の使いをよぶ呪文』**）など、人間を誘惑する悪魔の系譜にふれます。手塚治虫の漫画もあるせいか、「知ってる！」とうなずく子も。

息抜きに、滑稽な道化役として登場する悪魔の例として**『イワンのばか』**を紹介。こちらはロシアの文豪の手になるものですが、アメリカにも、地獄の暮しが退屈だからと、人間界にやってきては人間にちょっかいを出す〝疲れたオジサン風〟の悪魔が登場する笑い話（**『悪魔の物語』**）があることを伝え、気軽に読むことを薦めます。

ここまでは西洋のお話でしたが、東洋にも悪魔がいるかと問いかけ、三千年以上前からインドに語り伝えられてきた英雄物語**『ラーマーヤナ』**に登場する、悪魔の王ラーヴ

ヤーコプ・グリム、ヴィルヘルム・グリム［著］　佐々梨代子、野村泫訳　こぐま社

オトフリート・プロイスラー作　佐々木田鶴子訳　スズキコージ絵　小峰書店

レフ・トルストイ作　金子幸彦訳　スズキコージさし絵　岩波書店

ァナを紹介します。ゲームなどで取り上げられているせいでしょうか、目配せをしながら、嬉しそうな表情を見せる子がいます。

このように洋の東西を問わず、神や仏のいるところには、悪魔もいるようですが、悪魔は、人間の空想が創り上げた単なる架空のキャラクターなのでしょうか、と話題を進め、**『友よねむれ』**より「鬼の現場監督」（14頁）の絵を見せ、第二次大戦後のシベリア抑留で日本人捕虜たちが耐えなければならなかった非人間的な極限状態に向き合います。

次に**『悪魔の兵器・地雷』**表紙の「地雷」の部分を隠し、そこに写っているカンボジアの少女サメイちゃんがなぜ義足になったのか、想像を巡らせてもらいます。安くて、便利だからと安易に使われる地雷は、まさに悪魔の兵器ですが、それを作って、売って、使っているのは人間。その一方、危険な地雷除去に携わる人や義肢装具士を取り上げ、悪魔の兵器に対抗する人間の姿を印象付けて、ブックトークを締めくくります。

上級向きで時間に余裕があるときには、『クラバート』（プロイスラー作　偕成社）、『トルストイの民話』（トルストイ作　福音館書店）、『日本霊異記』（水上勉作　岩波書店）、小学生には、『地雷のない世界へ』（大塚敦子写真・文　講談社）を取り上げることもあります。また比較的新しい新聞記事から、重機の先端の重りを高速回転させる地雷除去車を開発した日本人技術者も紹介します。

ナタリー・バビット作・絵　小旗英次訳　評論社

エリザベス・シーガー著　山本まつよ訳　鈴木成子さし絵　子ども文庫の会

久永強絵・文　福音館書店

名倉睦生文　小林正典写真　ポプラ社

た

な

は

ま

や

ら

わ

書名索引

24頁以降で取り上げた本の索引です。

あ

か

さ

東京子ども図書館は、子どもの本と読書を専門とする私立の図書館です。1950年代から60年代にかけて東京都内4カ所ではじめられた家庭文庫が母体となり1974年に設立、2010年に内閣総理大臣より認定され、公益財団法人になりました。子どもたちへの直接サービスのほかに、“子どもと本の世界で働くおとな”のために、資料室の運営、出版、講演・講座の開催、人材育成など、さまざまな活動を行っています。くわしくは、当館におたずねくださるか、ホームページをご覧ください。 URL https://www.tcl.or.jp

---

TCLブックレット
ブックトークのきほん――21の事例つき

2016年8月 2日 第1刷発行
2021年8月31日 第4刷発行

編集 東京子ども図書館
責任編集 杉山きく子
発行者 張替恵子
発行所 著作権所有 公益財団法人 東京子ども図書館
〒165-0023 東京都中野区江原町1-19-10
Tel. 03-3565-7711 Fax. 03-3565-7712
印刷・製本 株式会社ユー・エイド

ISBN 978-4-88569-226-0